薪酬激励
与
绩效考核

岳文赫 ———— 著

苏州新闻出版集团
古吴轩出版社

图书在版编目（CIP）数据

薪酬激励与绩效考核 / 岳文赫著. -- 苏州 ： 古吴
轩出版社, 2024. 11. -- ISBN 978-7-5546-2484-5

Ⅰ. F272.923；F272.5

中国国家版本馆CIP数据核字第2024SG8910号

责任编辑：胡敏韬
策　　划：汲鑫欣
版式设计：林　兰
装帧设计：尧丽设计

书　　名：**薪酬激励与绩效考核**
著　　者：岳文赫
出版发行：苏州新闻出版集团
　　　　　古吴轩出版社

　　　　地址：苏州市八达街118号苏州新闻大厦30F
　　　　电话：0512-65233679　　　邮编：215123

出 版 人：王乐飞
印　　刷：天宇万达印刷有限公司
开　　本：670mm×950mm　1/16
印　　张：12
字　　数：160千字
版　　次：2024年11月第1版
印　　次：2024年11月第1次印刷
书　　号：ISBN 978-7-5546-2484-5
定　　价：56.00元

如有印装质量问题，请与印刷厂联系。0318-5302229

　　随着社会的不断发展和企业间竞争的日益激烈，进一步激发员工的工作热情、提高员工个体的绩效和企业的整体绩效，已经成为企业生存和发展的关键。薪酬激励是人力资源管理的重要手段之一，企业需要通过科学、合理的薪酬管理政策和制度，制定有效的薪酬水平策略，设计和调整薪酬结构，确定合理的薪酬体系。这样做，不但可以吸引和留住高质量人才，还可以有效提升员工个人绩效和企业的整体绩效，使企业不断增加经济效益，并提升竞争力。

　　薪酬和绩效是相互依存、相互影响的。绩效考核是企业根据自身战略目标和各岗位特点，通过设定一系列绩效指标，对员工的工作表现和工作成果进行评价。实施与绩效考核密切相关的薪酬激励制度，可以有效提高员工的工作效率和工作质量，促进企业目标的实现。

　　绩效又是薪酬水平的决定因素之一。在通常情况下，在同一家企业中，绩效好的员工一般会获得较高的薪酬，而绩效差的员工则薪酬较低。企业通过对员工绩

效进行考核、反馈、认可或使员工进一步改进绩效，为员工提供有竞争力的薪酬，提高员工的工作积极性，从而进一步提升员工的工作效率和绩效表现，激发员工的工作动力和创造力，进而不断促进企业整体绩效的提升，实现员工与企业双赢。

本书介绍了薪酬与薪酬管理、薪酬水平策略、薪酬结构设计与调整、薪酬体系、绩效与绩效考核、绩效考核方法以及绩效反馈与改进等理论知识和实务。本书理论与实践相结合，语言平实，通俗易懂，图表一目了然，对薪酬和绩效管理工作的从业人员有一定的指导作用。

第1章 薪酬与薪酬管理

第2章　薪酬水平策略

第3章 薪酬结构设计与调整

第4章　薪酬体系

第5章　绩效及绩效考核

第6章　绩效考核方法

第7章 绩效反馈与改进

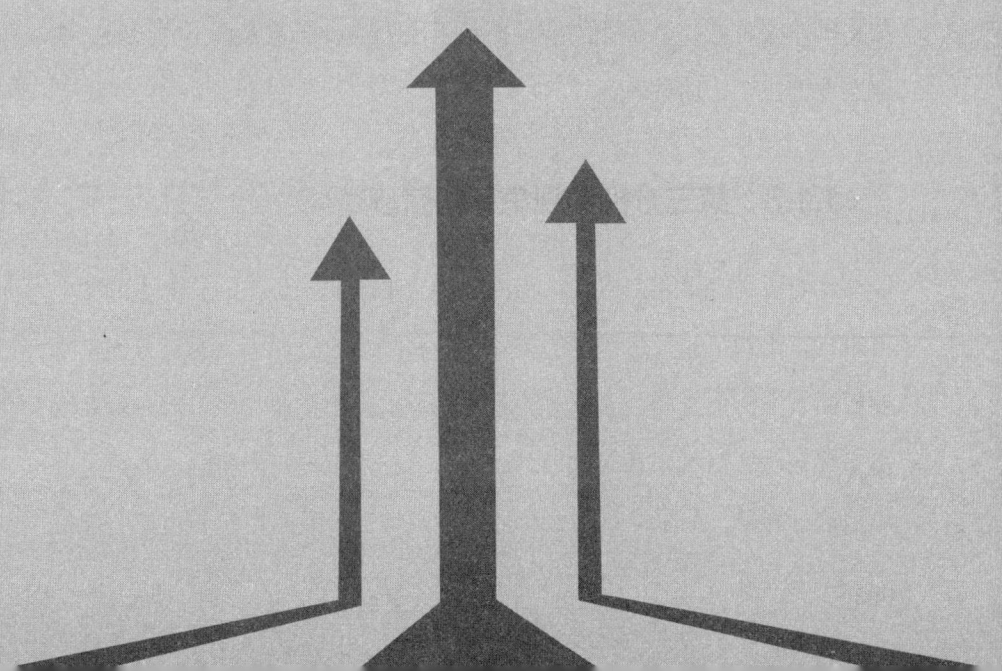

第 **1** 章

薪酬与薪酬管理

1.1 什么是薪酬

1.1.1 员工视角下的薪酬

员工认为自己在规定时间内完成企业交付的任务，为企业做出贡献后，企业应该支付的一定量的薪水、报酬就是薪酬。员工一般都希望自己得到的薪酬越多越好，当然，在通常情况下，无论给多少薪酬，员工都不会满足于既有的收入。因为人的欲望是无限的，而且马斯洛需求层次理论也指出，人在不同的阶段，需求也不同。

1.1.2 老板视角下的薪酬

薪酬被有些企业高层领导视为"心愁"，因为如果薪酬水平定高了，企业就需要承担较高的劳动用工成本，可能会引起一般利润率降低；如果薪酬水平定低了，企业需要承担员工流失或者招不来员工的风险，影响企业的生产、运营等。

1.1.3 第三方机构视角下的薪酬

此处所说的第三方机构，指的是独立于企业和员工的、中立的第三方机构，比如企业日常咨询的或外包的薪酬绩效公司等。第三方通常需要权衡、平衡企业和员工双方的利益和诉求，使企业和员工双方对薪酬水平都能达到相对满意的效果。通常，第三方机构认为薪酬不能只是简单地进行增减，而是应该结合企业的实际情况、战略目标和员工的岗位价值等，设计合理的薪酬体系，既要保证企业的竞争力，又要使员工发挥主观能动性，从而不断提升企业的效益。

薪酬构成

1.2.1　工资

国家统计局发布的《关于工资总额组成的规定》中，第四条规定：工资总额由计时工资、计件工资、奖金、津贴和补贴、加班加点工资、特殊情况下支付的工资等六个部分组成。

1. 计时工资

计时工资是指按计时工资标准（包括地区生活费补贴）和工作时间支付给个人的劳动报酬。包括：对已做工作按计时工资标准支付的工资；实行结构工资制的单位支付给职工的基础工资和职务（岗位）工资；新参加工作职工的见习工资（学徒的生活费）；运动员体育津贴。

2. 计件工资

计件工资是指对已做工作按计件单价支付的劳动报酬。包括：实行超额累进计件、直接无限计件、限额计件、超定额计件等工资制，按劳动部门或主管部门批准的定额和计件单价支付给个人的工资；按工作任务包干方法支付给个人的工资；按营业额提成或利润提成办法支付给个人的工资。

3. 奖金

奖金是指支付给职工的超额劳动报酬和增收节支的劳动报酬。包括：生产奖，节约奖，劳动竞赛奖，机关、事业单位的奖励工资，其他奖金。奖励条件可以根据工作的特点和需要确定，可以设置单一的指标，如物料消耗指标、质量指标、安全指标等作为奖励条件，使奖金反映某一方面的劳动差别。奖励条件可以是多种多样的，并可根据实际情况，及时对奖励的范围、项目、标准、周期进行调整。某些实施奖金制度的项目，周期和奖励条件可以灵活制定，奖金额和受奖人数可以随情况和需要而变化，可强化奖金的鼓励性。奖金是对为企业做了更多贡献或提供了超额劳动的劳动者所进行的奖励。

4. 津贴和补贴

津贴和补贴是指为了补偿职工特殊或额外的劳动消耗和因其他特殊原因支付给职工的津贴，以及为了保证职工工资水平不受物价影响支付给职工的物价补贴。津贴包括：补偿职工特殊或额外劳动消耗的津贴，保健性津贴，技术性津贴，年功性津贴及其他津贴。物价补贴包括：为保证职工工资水平不受物价上涨或变动影响而支付的各种补贴。

5. 加班加点工资

加班加点工资是指按规定支付的加班工资和加点工资。加班和加点，都属于《中华人民共和国劳动法》（以下简称《劳动法》）所界定的"延长工作时间"。

6. 特殊情况下支付的工资

特殊情况下支付的工资包括：根据国家法律、法规和政策规定，因病、工伤、产假、计划生育假、婚丧假、事假、探亲假、定期休假、停工学习、执行国家或社会义务等原因按计时工资标准或计时工资标准的一定比例支付的工资；附加工资、保留工资。

1.2.2 福利

1. 法定福利

法定福利是政府要求企业为员工提供的一些保障计划，是企业和员工之间的一种合法约定，是保障员工权益的一种重要手段。企业向员工提供法定福利，可以提高员工的工作积极性和幸福感，降低员工的离职率和流失率，提高企业的竞争力和持续发展力。法定福利也是国家法律法规的重要内容，《中华人民共和国社会保险法》第二条明确指出："国家建立基本养老保险、基本医疗保险、工伤保险、失业保险、生育保险等社会保险制度，保障公民在年老、疾病、工伤、失业、生育等情况下依法从国家和社会获得物质帮助的权利。"法定福利聚焦于员工的基础保障，是社会保险体系的重要组成部分。

2. 自主福利

企业自主福利是我国混合社会福利模式的重要组成部分。企业根据自身情况或员工需求，在工资和法定福利之外自主设立福利项目，如商业保险、住房福利、利润分享、旅游福利、心理咨询、带薪休假等。自主福利更侧重于满足员工的个性化需求，更有利于提升员工对企业的认同感和满意度。自主福利是企业吸引、激励和保留优秀员工的有效举措之一。

1.3　薪酬的功能

1.3.1　补偿功能

薪酬的补偿功能体现在企业对员工在劳动过程中消耗的体力和脑力的经济回报，以及为提高劳动力质量等提供支持，指的是企业根据员工在工作中付出的体力、脑力以及接受的教育或培训所给予的相应补偿。薪酬的补偿功能能够激发员工开展工作的意愿，推动企业发展，员工也通过薪酬的此功能获得学习、生活的物质支撑。

1.3.2　激励功能

薪酬的激励功能的典型表现就是企业在员工达成或超额完成既定的工作目标后对其给予奖励，以激励员工发挥出更大的效能。员工如果想获取相应的奖励，则需要通过学习或者培训进一步提升自身专业技能和业务水平，而这又有助于企业提升经营生产效益。

1.3.3　优化功能

薪酬的优化功能体现在企业通过薪酬管理工作不断调整和优化人力资源结构。不同员工，责任意识与素质存在一定差异性，即便是同一岗位的员工，绩效也不会完全一样。企业本着公正的原则，通过构建完善的奖金和绩效分配机制，有效调整薪酬结构，可以令绩效好的员工获得更多回报。绩效差甚至绩效不达标的员工不但无法获得相应的报酬，甚至还有被淘汰的可能。

1.4　薪酬管理

1.4.1　薪酬管理的含义

薪酬管理指的是企业基于发展战略，对薪酬支付的原则、薪酬策略、薪酬水平、薪酬结构等进行确定、分配和调整的动态管理过程。在薪酬管理过程中，企业需要根据企业内外部情况做出相应的动态调整，即企业根据经营情况的变化及需求重新制定或修正薪酬制度、优化薪酬结构、调整薪酬水平等，使得薪酬管理与企业的发展实现动态化匹配，以达到企业可持续发展的目标。

薪酬管理主要包括以下五个方面：

（1）薪酬目标管理，即薪酬应以实现企业战略为目标，满足员工的多种需要。

（2）薪酬水平管理，即薪酬要满足内部一致性和外部竞争性的要求，并根据员工的绩效、能力特征和行为、态度等对薪酬水平进行动态调整。

（3）薪酬体系管理，既包括基础工资、绩效工资、期权期股的管理，又包括为员工实现个人成长、职业预期和就业能力提升等进行的管理。

（4）薪酬结构管理，即正确制定合理的薪级和标准等，适应企业和外部环境的变化。

（5）薪酬制度管理，即对包括薪酬的预算、审计、控制体系和薪酬决策等方面的制度进行设计并管理。

1.4.2　薪酬管理的原则

1. 公平性原则

为了能够使员工获得与绩效相符的薪酬，企业在进行薪酬设计时除了要结合员工的业务能力和绩效水平，还要结合行业、市场薪酬标准，并在此基础上不断调整和优化现有的薪酬管理机制。

2. 竞争性原则

企业提供的薪酬水平如果高于行业或市场薪酬水平，则意味着企业在人力资源市场中具有一定的吸引力。这样既有利于企业招聘到所需人员，又可以在一定程度上留住关键员工。

3. 经济性原则

企业在设定薪酬水平、制定薪酬体系时应当考虑自身可以承受的范围，不能盲目"追高"，只有经过充分的市场调研，并结合企业自身情况制定的薪酬管理体系才更合理且符合企业的实际情况。

4. 激励性原则

企业在薪酬分配上不应该实行平均分配主义，而是要根据员工贡献的大小实行激励机制，最大限度地激发员工的潜能，激励员工更好地为企业服务。

5. 合法性原则

企业薪酬管理体系的制定与实施，必须遵守国家的法律法规及相关政策。合法的薪酬管理体系既能够保障员工的合法利益，使员工获得合法、合理的劳动报酬，又可以避免企业与员工在薪酬分配上出现劳动争议。

 # 1.5 不同类型组织的薪酬管理

1.5.1 国有企业薪酬管理

国有企业薪酬管理具有政府主导、同一标准以及岗位等级制度等特点。

首先，国有企业的薪酬管理由政府主导，政府制定了相关的薪酬政策和标准，并对薪酬进行监管和调控。《国务院关于改革国有企业工资决定机制的意见》（国发〔2018〕16号）指出："按照国家工资收入分配宏观政策要求，根据企业发展战略和薪酬策略、年度生产经营目标和经济效益，综合考虑劳动生产率提高和人工成本投入产出率、职工工资水平市场对标等情况，结合政府职能部门发布的工资指导线，合理确定年度工资总额。"此外，"完善工资与效益联动机制。企业经济效益增长的，

当年工资总额增长幅度可在不超过经济效益增长幅度范围内确定。其中，当年劳动生产率未提高、上年人工成本投入产出率低于行业平均水平或者上年职工平均工资明显高于全国城镇单位就业人员平均工资的，当年工资总额增长幅度应低于同期经济效益增长幅度；对主业不处于充分竞争行业和领域的企业，上年职工平均工资达到政府职能部门规定的调控水平及以上的，当年工资总额增长幅度应低于同期经济效益增长幅度，且职工平均工资增长幅度不得超过政府职能部门规定的工资增长调控目标。企业经济效益下降的，除受政策调整等非经营性因素影响外，当年工资总额原则上相应下降。其中，当年劳动生产率未下降、上年人工成本投入产出率明显优于行业平均水平或者上年职工平均工资明显低于全国城镇单位就业人员平均工资的，当年工资总额可适当少降。企业未实现国有资产保值增值的，工资总额不得增长，或者适度下降。企业按照工资与效益联动机制确定工资总额，原则上增人不增工资总额、减人不减工资总额，但发生兼并重组、新设企业或机构等情况的，可以合理增加或者减少工资总额"。

国有企业"分类确定工资效益联动指标。根据企业功能性质定位、行业特点，科学设置联动指标，合理确定考核目标，突出不同考核重点。对主业处于充分竞争行业和领域的商业类国有企业，应主要选取利润总额（或净利润）、经济增加值、净资产收益率等反映经济效益、国有资本保值增值和市场竞争能力的指标。对主业处于关系国家安全、国民经济命脉的重要行业和关键领域、主要承担重大专项任务的商业类国有企业，在主要选取反映经济效益和国有资本保值增值指标的同时，可根据实际情况增加营业收入、任务完成率等体现服务国家战略、保障国家安全和国民经济运行、发展前瞻性战略性产业以及完成特殊任务等情况的指标。对主业以保障民生、服务社会、提供公共产品和服务为主的公益类国有企业，应主要选取反映成本控制、产品服务质量、营运效率和保障能力等情况的指标，兼顾体现经济效益和国有资本保值增值的指标。对金融类国有企业，属于开发性、政策性的，应主要选取体现服务国家战略和风险控制的指标，兼顾反映经济效益的指标；属于商业性的，应主要选取反映经济效益、资产质量和偿付能力的指标。对文化类国有企业，应同时选取反映社会效益和经济效益、国有资本保值增值的指标。劳动生产率指标一般以人均增加值、人均利润为主，根据企业实际情况，可选取人均营业收入、人均工作量等指标"。

在对国有企业薪酬监管和调控这方面，《国务院关于改革国有企业工资决定机制的意见》指出，要健全工资分配监管体制机制，落实履行出资人职责机构的国有企业工资分配监管职责，完善国有企业工资分配内部监督机制，建立国有企业工资分配信息公开制度，健全国有企业工资内外收入监督检查制度。

人力资源和社会保障部、财政部、国务院国资委 2022 年印发的《国有企业工资内外收入监督管理规定》第四条指出："各级人力资源社会保障部门会同财政、国资监管等部门负责对国有企业工资内外收入情况实施监督检查等监督管理工作，及时查处工资分配违规行为。各级履行出资人职责机构（或其他企业主管部门，下同）依据监管职责负责对所监管企业工资分配执行情况加强监督，对违规问题督促整改。"

其次，倾向于采用同一标准，以确保薪酬和福利的公平和一致性。如人力资源社会保障部、财政部《关于做好国有企业津贴补贴和福利管理工作的通知》（人社部发〔2023〕13 号）规定：加强津贴补贴管理，规范福利管理以及规范企业负责人薪酬外待遇。国有企业应按照国家法律和行政法规，党中央、国务院制定或批准的规范性文件以及本通知规定，结合企业自身实际制定完善津贴补贴制度。制度内容包括津贴补贴项目名称、适用范围、确定程序、发放标准、监督办法等。该通知明确了国有企业津贴补贴及福利的项目设置，进一步明确了纳入工资总额管理的项目，严格规范企业负责人薪酬待遇，严禁领取薪酬外待遇。

最后，国有企业通常采用岗位等级制度来确定薪酬水平，员工的薪酬与其所属岗位的等级相对应。《国务院关于改革国有企业工资决定机制的意见》提出："国有企业应建立健全以岗位工资为主的基本工资制度，以岗位价值为依据，以业绩为导向，参照劳动力市场工资价位并结合企业经济效益，通过集体协商等形式合理确定不同岗位的工资水平，向关键岗位、生产一线岗位和紧缺急需的高层次、高技能人才倾斜，合理拉开工资分配差距，调整不合理过高收入。加强全员绩效考核，使职工工资收入与其工作业绩和实际贡献紧密挂钩，切实做到能增能减。"

1.5.2　民营企业薪酬管理

改革开放以来，我国民营企业凭借自身日益提升的核心竞争力，快速提高了国内的市场占有率，有力地推动了我国经济的繁荣发展，现已成为中国经济发展一支不可或缺的力量。民营企业运营管理中，薪酬是员工持续关注的焦点，企业在进行薪酬设计时重视公平原则，不仅有利于获得员工的支持与认可，也有利于发挥薪酬的激励作用。

一些民营企业在薪酬管理上存有边际生产力工资思维，重业绩、淡薪酬管理意识，这些企业认为招聘面谈时确定的薪酬购买了员工的所有价值，并只愿意为员工的现在付费。一般来说，不少民营企业对外进行的严谨的薪酬调研的次数没有国有企业的多，对内进行客观的岗位价值评估也相对较少，而且缺乏一套科学的动态调薪管理机制，导致员工的付出与回报不成正比，这往往成为企业无法吸引优秀人才以及现有优秀人才流失的主要因素。

一些民营企业受限于自身发展状态、管理水平等，晋升通道单一，员工晋升或加薪备受影响。尤其是家族式企业，容易根据管理者与员工的关系密切程度来决定升职加薪的人选。部分中小民营企业薪酬设计没有以企业总体战略和人力资源管理战略为依据。这些企业的发展规模以及人力、物力、财力资源供给与国有企业或大型民营企业相比始终处于劣势地位，所以也无法系统、全面地实施薪酬管理。

1.5.3　事业单位薪酬管理

随着薪酬制度的不断完善和推进，我国的事业单位历经了一系列薪酬制度改革（如图1-1）。

我国目前实施以绩效工资制度为主体的事业单位薪酬制度。事业单位薪酬主要由岗位工资、薪级工资、津贴补贴和绩效工资四部分构成。岗位工资由国家统一制定岗位级别和标准，主要体现了工作人员所聘岗位的职责和要求，实行"一岗一薪，岗变薪变"。根据事业单位聘用制度的有关要求，岗位工资要与岗位管理一一对应，因此按照岗位自身特点，参照目前的职务序列，将事业单位的所有工作岗位划分为专业技术、管理和工勤技能岗位三个类别，每一类又划分为若干等级，每个等级对应各自岗位工资标准，事业单位职工按照聘任时的岗位发放岗位工资。薪级工资主要由事业单位职工的工作资历、现实表现和工作岗位确定，实行"一级一薪，定期升级"。在实际工作执行过程中，对不同岗位的职工又设置了若干薪级，每个薪级对应不同的工资标准。职工的岗位不同，起点薪级也不一样。津贴补贴由国家统一制定补贴的项目与标准，涵盖了职工的生活补贴、岗位津贴等内容。绩效工资由事业单位职工的工作实绩和贡献成果确定，分为基础性绩效工资和奖励性绩效工

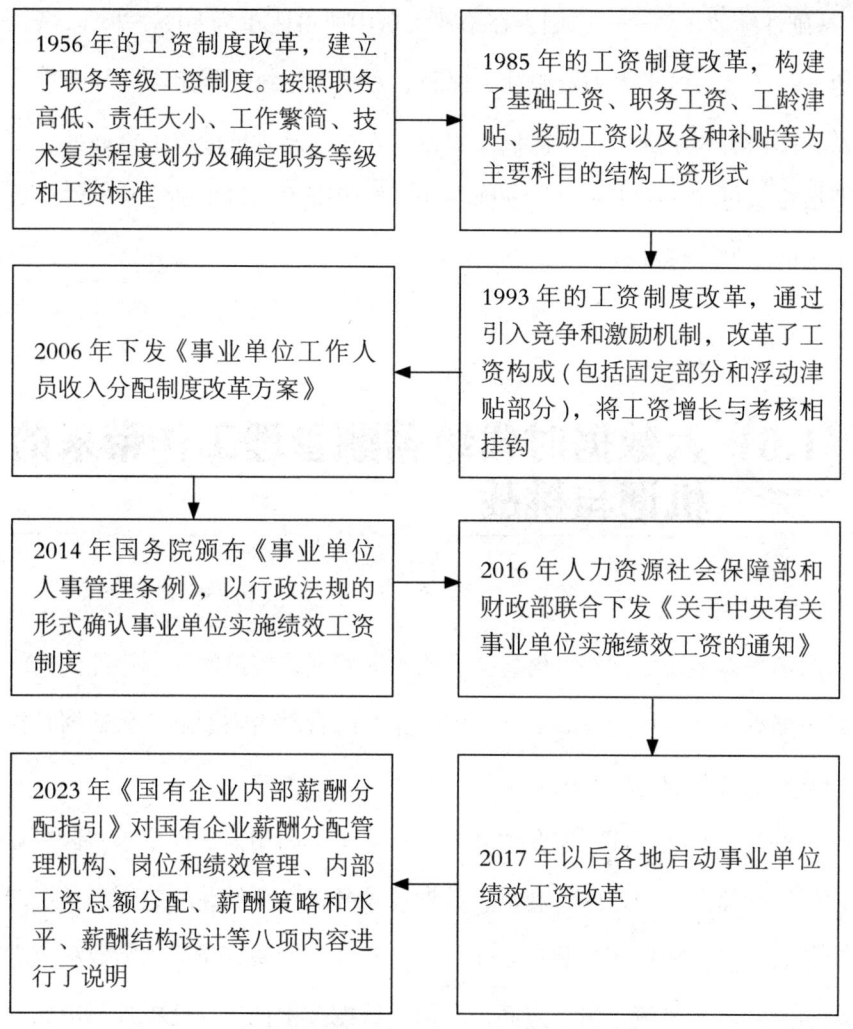

图 1-1 我国事业单位历经的一系列薪酬制度改革

资两部分。基础性绩效工资主要体现地区经济发展、物价水平、单位类别、岗位职责和经费来源等因素，一般按月发放。奖励性绩效工资主要体现工作量和实际贡献等因素，由单位在核定的绩效工资总量内，根据考核结果发放，可采取灵活多样的分配方式。不同省市在基础性绩效工资和奖励性绩效工资占绩效工资比重方面有不同的标准。如，《辽宁省事业单位实施绩效工资工作的意见》（辽政办发〔2011〕42 号）规定：

"基础性绩效工资……原则上在绩效工资中所占比重为 50%～70%，省、市、县（市、区）人力资源社会保障、财政部门统一确定本级政府直属及各部门所属事业单位同岗位（职务）人员的基础性绩效工资标准。事业单位也可在绩效工资总量 50%～70% 的范围内，自主确定基础性绩效工资的比例和标准。"

 大数据时代给薪酬管理工作带来的机遇与挑战

随着人工智能等新兴信息技术的迅猛发展，传统的薪酬管理模式已经不能满足现阶段的发展需要，因此企业的管理者需要顺应大数据时代的发展，对薪酬管理实施变革。

首先，薪酬管理者需要建立大数据思维，利用大数据技术掌握企业内外部的信息。一方面，利用大数据技术分析企业的薪酬数据、员工的工作表现与薪酬期望，制定薪酬预算，并动态调整与员工的绩效和需求相匹配的薪酬决策。另一方面，利用大数据技术捕捉、分析外部市场薪酬浮动的信息，调整企业自身的薪酬决策，这样可以使企业的薪酬管理更加科学和灵活。

其次，大数据技术使得员工获取相关的薪酬信息更为便捷，方便员工将自己的薪酬水平与企业内外部从事同一（或类似）岗位的人员的薪酬进行比较。

因此，大数据时代，对企业薪酬管理的透明化和公平化提出了更高的要求。

第**2**章

薪酬水平策略

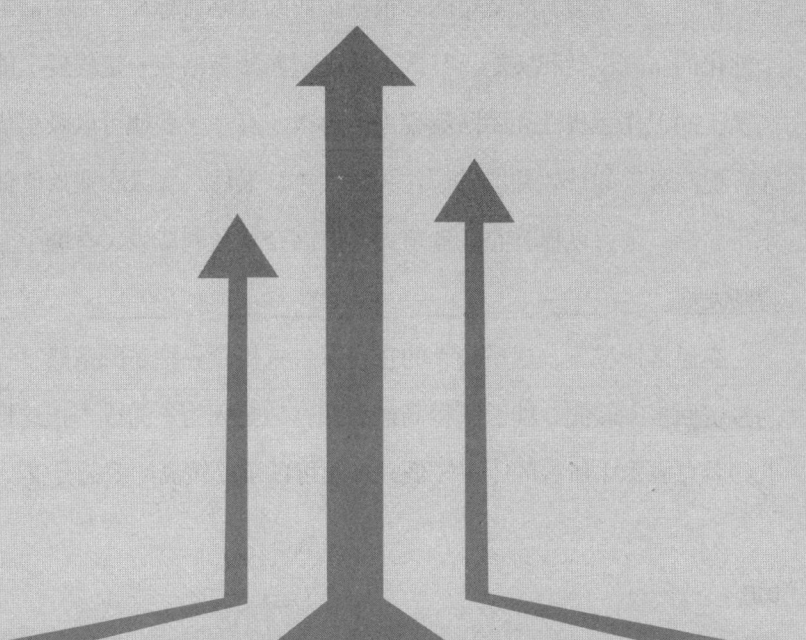

 ## 什么是薪酬水平策略

薪酬水平体现了企业薪酬的外部竞争性，它反映了企业内部各岗位的薪酬比对当地市场同行业的平均薪酬或者竞争对手薪酬的高低状况，如领先型薪酬水平、跟随型薪酬水平、滞后型薪酬水平和混合型薪酬水平。企业会根据自身经营状况以及外部市场环境状况，制定不同的薪酬水平，并实施相应的薪酬水平策略。

2.1.1 领先型薪酬策略

1. 领先型薪酬策略的特点

领先型薪酬策略是指薪酬水平高于同行业市场平均水平。它具有灵活性、公平性、激励性和可持续性的特点。

首先，领先型薪酬策略能够根据企业的战略目标和员工的需求进行个性化的薪酬设计和实施。其次，领先型薪酬策略在一定程度上能够提高员工的工作积极性和团队凝聚力。再次，高水平薪酬可以吸引优秀人才，提高员工的绩效并能够留住关键人才。最后，如果企业始终保持高水平薪酬，则可以提升企业竞争力，提高企业盈利能力，有助于企业可持续发展。

在通常情况下，规模较大的企业适合采用领先型薪酬策略。一是因为投资回报率较高，能够获得高额利润；二是因为人力成本在这样的企业经营总成本中所占的比率较低，企业可以承受较高的薪酬开支。

2. 领先型薪酬策略的优缺点

领先型薪酬策略的优点在于，高于市场平均水平的薪酬能够增加企业的吸引力，提升企业的形象，优秀的人才更愿意到这样的企业任职。同时，在职员工也会因为较高的薪酬而努力工作，不断提高企业的生产力。另外，企业实施领先型薪酬策略也会在一定程度上避免人才流失。

然而，高薪无疑会增加企业的成本，加重企业负担。另外，如果企业实施薪酬领先策略，员工也会不断提升薪酬期望值，进而企业也需要不断提高薪酬水平。一旦企业的薪酬水平无法保持在高位，则会存在员工流失、企业稳定性降低的风险。

3. 领先型薪酬策略存在问题的解决方案

为了解决高成本、高风险的问题，实施领先型薪酬策略的企业需要定期评估薪酬水平，根据企业实际和行业环境的变化，及时调整薪酬策略。企业在制订薪酬计划时要明确员工的薪酬来源和计算方式，并及时告知员工，让员工理解并减少不满情绪。

2.1.2　跟随型薪酬策略

跟随型薪酬策略是指薪酬水平与行业平均水平或者与竞争对手的薪酬水平持平，以确保薪酬水平不处于劣势，避免在市场中陷入不利地位。一般来说，中小型企业往往采用跟随型薪酬策略。这类企业希望薪酬成本与竞争对手的保持一致，以避免企业处于不利地位，确保能够留住关键人才。实施跟随型薪酬策略的企业，可以在一定程度平衡薪酬成本控制和员工激励的需要，保有企业对员工的吸引力和保留能力。

跟随型薪酬策略受市场竞争的影响，如果劳动力市场竞争激烈，则企业需要调高薪酬水平来吸引和留住人才；如果劳动力市场竞争不激烈，则企业使薪酬水平符合劳动力市场的普通水平即可。企业在制定跟随型薪酬策略时，需要评估自己的财务实力和可持续性，以免出现为了保持较高的平均薪酬水平而增加企业的财务负担的情况。相对于领先型薪酬策略，实施跟随型薪酬策略的企业所承担的风险较小，但是在吸引优秀人才方面优势不明显。

然而，跟随型薪酬策略可以灵活地应对市场变化，如果企业可以制定公平合理的薪酬体系并结合科学的绩效考核办法，则能够在一定程度上保持企业的长期竞争力。

2.1.3 滞后型薪酬策略

滞后型薪酬策略是指薪酬水平低于同行业市场平均水平。采用此类薪酬策略的企业一般规模相对较小，边际利润和投资回报率均较低，企业对人力成本的承受能力较弱。采用滞后型薪酬策略的企业在吸引和保留优秀人才方面没有优势，甚至可能导致员工流失率较高。企业可以采用其他方式弥补低薪酬这一不利条件，包括提供培训与职业发展机会、实行激励计划、打造良好的工作环境、强化工作保障、提升员工福利体验等，以提高员工的满意度和忠诚度。比如，虽然企业员工的薪酬低于市场平均水平，但是企业允许员工可以以合理的价格购买企业股票或者股票期权，这种使薪酬与未来收入组合在一起的薪酬策略，反而会激励员工更加努力工作。

在制定滞后型薪酬策略时，企业不仅需要考虑市场竞争和劳动力的供需情况，还需要权衡成本和员工的价值。如果经济不景气、就业形势不理想，员工即使薪酬水平低，也不会轻易离职。但如果市场竞争激烈，且存在劳动力供不应求的情况，则实施滞后型薪酬策略的企业会面临员工对薪酬不满意而离职的问题。而且，即使企业采取滞后型薪酬策略，也要确保薪酬水平不低于员工创造的价值和努力程度。另外，企业还需要建立透明的薪酬制度，尽可能增加员工对本企业实施的薪酬策略的理解和认同。

2.1.4　混合型薪酬策略

混合型薪酬策略是基于企业成本承受能力，根据职位和员工的类型、职位的不同要求和员工的不同价值，分别制定的个性化薪酬策略，以更准确地反映员工的贡献和价值。比如，对稀缺的人才、核心层员工、关键岗位员工采用领先型薪酬策略，设定相对较高的基本工资和绩效奖金，激发员工的工作动力，使其能够获得更好的业绩；对富余人员、低职级、基层员工采用跟随型或者滞后型薪酬策略，设定相对较低的基本工资，但以一些其他方式对薪酬进行补充。这样做，不仅可以控制企业的人力成本，还能保持企业的竞争力。

在企业内外部环境不确定的情况下，混合型薪酬策略有利于企业灵活调整薪酬结构，适应新情况、新变化。

综上，企业需结合本企业的实际情况制定适合自身的薪酬策略，让员工知晓企业对员工的期望，并通过科学、合理的激励政策，使全体员工共同努力，实现企业的发展战略。

表 2-1　四种薪酬策略的优缺点

薪酬策略	优点	缺点
领先型薪酬策略	吸引、留住优秀人才	成本高，存在高投入、低回报的风险
跟随型薪酬策略	随行就市，降低经营风险	难以招聘到足够优秀的人才

（续表）

薪酬策略	优点	缺点
滞后型薪酬策略	控制经营成本	吸引力差
混合型薪酬策略	灵活，可以根据条件变化随时调整	管理成本较高

2.2 薪酬水平策略的影响因素

2.2.1 政策及法律法规

薪酬收入关系着劳动者本人及家人的生存和发展，国家制定了一系列与薪酬有关的政策和法律法规，规定了工资分配原则、最低工资等。因此企业在决定采取何种薪酬水平策略时必须依据国家及当地政府的相关规定。如，2024 年 7 月人力资源和社会保障部公布了全国各省、自治区、直辖市最低工资标准情况（见表 2-2）后，多地也公布了新调整的最低工资标准。

表 2-2　全国各省、自治区、直辖市最低工资标准情况
（截至 2024 年 4 月 1 日）　　　　单位：元

地区	月最低工资标准				小时最低工资标准			
	第一档	第二档	第三档	第四档	第一档	第二档	第三档	第四档
北　京	2420				26.4			
天　津	2320				24.4			
河　北	2200	2000	1800		22	20	18	
山　西	1980	1880	1780		21.3	20.2	19.1	
内蒙古	1980	1910	1850		20.8	20.1	19.5	

（续表）

地区	月最低工资标准				小时最低工资标准			
	第一档	第二档	第三档	第四档	第一档	第二档	第三档	第四档
辽　宁	1910	1710	1580	1420	19.2	17.2	15.9	14.3
吉　林	1880	1760	1640	1540	19	18	17	16
黑龙江	1860	1610	1450		18	14	13	
上　海	2690				24			
江　苏	2490	2260	2010		24	22	20	
浙　江	2490	2260	2010		24	22	20	
安　徽	2060	1930	1870	1780	21	20	19	18
福　建	2030	1960	1810	1660	21	20.5	19	17.5
江　西	2000	1870	1740		20	18.7	17.4	
山　东	2200	2010	1820		22	20	18	
河　南	2100	2000	1800		20.6	19.6	17.6	
湖　北	2210	1950	1800		22	19.5	18	
湖　南	1930	1740	1550		19	17	15	
广　东	2300	1900	1720	1620	22.2	18.1	17	16.1
其中:深圳	2360				22.2			
广　西	1990	1840	1690		20.1	18.6	17	
海　南	2010	1850			17.9	16.3		
重　庆	2100	2000			21	20		
四　川	2100	1970	1870		22	21	20	
贵　州	1890	1760	1660		19.6	18.3	17.2	
云　南	1990	1840	1690		19	18	17	
西　藏	2100				20			
陕　西	2160	2050	1950		21	20	19	
甘　肃	2020	1960	1910	1850	21	20.5	20	19.5
青　海	1880				18			
宁　夏	2050	1900			20	18		
新　疆	1900	1700	1620	1540	19	17	16.2	15.4

（资料来源：http://www.mohrss.gov.cn/SYrlzyhshbzb/laodongguanxi_/fwyd/202404/
t20240403_516177.html）

2.2.2　地区经济发展水平和生活成本

薪酬水平决定了所在地区居民的消费需求与消费能力。在通常情况下，某地区的经济发展水平越高，社会的平均薪酬水平就越高，生活成本也越高。一般而言，各省会城市、中心城市、中心区域的薪酬水平处于省内领先地位。根据《中国统计年鉴2023》的数据，浙江、广东、江苏等沿海经济发达省份的平均工资相对较高，相比之下，甘肃、贵州等中西部地区的平均工资则相对较低，与东部沿海地区相比存在明显的差距（见表2-3）。此外，社会劳动生产率的提高可推动社会的经济发展以及个人薪酬的增加，劳动者保持较高的工作积极性和绩效又可以提升劳动生产率。

表2-3　2022年规模以上企业分区域分岗位就业人员年平均工资

单位：元

区　　域	规模以上企业就业人员	中层及以上管理人员	专业技术人员	办事人员和有关人员	社会生产服务和生活服务人员	生产制造及有关人员
合　　计	92492	189076	133264	85881	70234	71147
东部地区	102891	221242	153798	97340	77365	74054
中部地区	72713	132044	93297	65128	55907	63485
西部地区	82447	154811	109831	72819	61662	71522
东北地区	80546	152354	96119	77411	66998	68996

（资料来源：https://www.stats.gov.cn/sj/zxfb/202305/t20230509_1939287.html）

2.2.3 劳动力市场的影响

薪酬水平在一定程度上代表了员工努力工作的边际贡献。员工参与企业的生产活动，付出个人努力，理应获得报酬。企业为员工支付更高的薪酬会激励员工付出更多的劳动时间参与生产活动，从而为企业带来更高的经济效益。在劳动力市场上，当劳动力供大于求时，企业的薪酬水平可能会低一些；当劳动力供小于求时，企业的薪酬水平则会提高。

2.2.4 竞争对手的薪酬水平

企业为了提高在劳动力市场上的竞争优势，会关注竞争对手的薪酬情况。如果竞争对手的薪酬水平高于企业的薪酬水平，则企业在劳动力市场上处于劣势地位。因此，企业在制定薪酬水平策略时会根据竞争对手的情况做出相应的调整。

2.2.5 行业因素的影响

企业所处的行业类型会影响薪酬水平策略的制定。

如果企业属于传统的劳动密集型行业，员工所从事的多为简单、重复性的体力劳动，且从事此类工作的员工在劳动力市场上供给较多，则企业为了节约人工成本，可能会降低薪酬水平。

如果企业属于高新技术或资本密集型行业，如信息传输、软件和信息技术服务业、金融业、科学研究和技术服务业等需要大量高知识技能的从事脑力劳动的员工，且这类型员工在劳动力市场上供给较少的情况下，企业为了获取优秀人才，大多会提高薪酬水平。如 2022 年，在规模以上企业就业人员中，信息传输、软件和信息技术服务业、科学研究和技术服务业单位的中层及以上管理人员年平均工资分别为 42.5 万元和 30.2 万元，而水利、环境和公共设施管理业，住宿和餐饮业部分岗位就业人员的年平均工资在 4 万元左右（见表 2-4）。

表 2-4　2022 年规模以上企业分行业门类分岗位就业人员年平均工资

单位：元

行　业	规模以上企业就业人员	中层及以上管理人员	专业技术人员	办事人员和有关人员	社会生产服务和生活服务人员	生产制造及有关人员
合　计	92492	189076	133264	85881	70234	71147
采矿业	113834	214742	147690	118752	76542	102317
制造业	86933	176313	124960	90322	88294	70642
电力、热力、燃气及水生产和供应业	135666	231729	156049	112710	99670	121961
建筑业	70264	125926	84671	59184	56684	62406
批发和零售业	97679	187987	123550	87218	70288	64315
交通运输、仓储和邮政业	109674	215876	159437	93699	100192	90029
住宿和餐饮业	51886	100384	61335	49885	44447	44111
信息传输、软件和信息技术服务业	213089	424956	244283	143006	138323	92223
房地产业	84845	185018	110405	78385	53910	58914

（续表）

行　业	规模以上企业就业人员	中层及以上管理人员	专业技术人员	办事人员和有关人员	社会生产服务和生活服务人员	生产制造及有关人员
租赁和商务服务业	90540	282697	146861	88182	62361	68825
科学研究和技术服务业	159653	302069	160812	109588	97502	93225
水利、环境和公共设施管理业	53099	168833	107887	69730	37257	54835
居民服务、修理和其他服务业	55130	119137	79732	66787	45294	56489
教　育	100580	183013	105383	87210	79988	60809
卫生和社会工作	100796	179072	102868	77107	62659	85646
文化、体育和娱乐业	119581	217339	169342	97846	64048	57221

（资料来源：https://www.stats.gov.cn/sj/zxfb/202305/t20230509_1939287.html）

2.2.6　企业特征的影响

首先，企业的经营状况直接决定了其薪酬支付能力，如果企业的经营状况良好，经济收益稳定且持续增长，员工的薪酬水平则可能较高；反之，如果企业经营状况不佳，盈利能力差，员工的薪酬水平一般来说相对较低，除非企业急需某类人才，才会以高薪吸引人。

其次，薪酬水平也根据企业的类型而产生差异。同一岗位，外商投资企业、港澳台投资企业、国有企业和股份制有限公司的薪酬相对来说比私营和集体企业的薪酬要高（见表2-5）。

表2-5　2022年规模以上企业分登记注册类型分岗位就业人员年平均工资

单位：元

登记注册类型	规模以上企业就业人员	中层及以上管理人员	专业技术人员	办事人员和有关人员	社会生产服务和生活服务人员	生产制造及有关人员
合　计	92492	189076	133264	85881	70234	71147
国　有	115149	239338	148287	107646	80434	93962
集　体	59243	112955	69823	56315	51479	52858
有限责任公司	98435	206961	140057	86700	73383	76716
股份有限公司	114718	265630	150796	105793	86526	85871
私　营	71775	127537	94304	66842	55036	61646
港澳台商投资	121930	308957	216165	130019	98242	74656
外商投资	134438	379651	205114	142722	99116	84492
其　他	86364	159045	100730	71984	61990	60368

（资料来源：https://www.stats.gov.cn/sj/zxfb/202305/t20230509_1939287.html）

2.2.7　企业的生命周期

企业所处生命周期的不同阶段也会影响企业薪酬水平策略的制定。企业在发展过程中一般会经历初创期、成长期、成熟期、衰退期和企业再造期五个不同的发展阶段，处于不同生命周期阶段的企业皆有较为明显的企业资源、外部竞争环境等特征，这为企业选择不同的薪酬水平策略提供了依据。

在初创期的企业，员工人数较少，易受产业中现有企业的威胁，固定成本高，管理水平低，产品方向尚不稳定，具有较大的波动性和风险性，利润也低。这样的企业一般会根据现实状况采取滞后型薪酬策略，尽量降低人工成本，将有限的资金用于企业的生存与成长。在实际操作中，企业如果降低基本工资和福利的数量和质量的话，为了激发员工的工作积极性，在薪酬策略中要注重个人绩效激励，可以使绩效激励尽量与市场水平持平或高于市场水平。短期激励可包括突出个人贡献的业绩奖金，以及对绩优员工的及时鼓励和认可，等等。但是，初创期的企业更适合采用长期激励的方式，因为短期激励会占用企业有限的发展资金，会引起员工过早地关注自身利益。而长期激励则可以通过许以相应的承诺或者使用股票期权、期股计划等让员工全面参与企业的成长和发展，有助于员工稳定。

处于成长期的企业，企业的技术水平和产品设计能力迅速提高，生产成本下降，竞争能力和市场开拓能力增强，市场份额不断扩大，产品和品牌知名度上升，规模效应开始出现，资金收入不断增加，经济实力也明显增强，企业已经有了一定的利润和经济效益。这时，企业往往采取领先型薪酬策略，以吸引所需的高素质人才。在实际操作中，基本工资具有刚性，而奖金则灵活性较大，为了保持员工的高度积极性和良好的绩效,在短期激励中,基于业绩的奖励仍是主要的,甚至可以考虑运用现金奖,让员工感受到自己的工作价值。同时,企业也可以为员工提供较丰厚的福利。

处于成熟期的企业,企业产品形成系列化,经济效益好,资金雄厚,具有较强的独立生存能力,可以采用跟随型薪酬策略,薪酬水平与竞争对手持平,奖金等绩效激励薪酬可以适当偏低或与市场竞争对手的持平,可保持较高的员工福利水平,以增加员工对企业的认同感和归属感。企业应注重员工薪酬的内部公平性,通过调动员工的积极性,提高企业生产率,维持企业健康发展,尽量减少人工成本,创造更多的利润。

进入衰退期的企业,产品滞销,利润下降,企业的一切行为都应围绕成本控制进行。这时的企业适合采用滞后型薪酬策略,以降低企业的薪酬成本支出。

企业的再造期等同于企业的第二次创业,再造期阶段的企业因为有前期的经验和资本积累,已经有了相当的规模和实力。在这个阶段,企业可以适当提高员工的薪酬水平,选择领先型薪酬策略,这样,既可以激发在职员工的积极性和创造性,又可以吸引所需的外部人才,保证企业发展。

2.2.8 企业战略对薪酬策略的影响

采取增长型发展战略的企业,致力于在产销规模、资产、利润或新产品开发等方面取得增长。这样的企业适合采取领先型薪酬策略,以吸引市场上高素质的一流人才,助力企业实现快速发展。

采取稳定型发展战略的企业,以保持现有的稳定状态为主要目标,防止因过快发展产生经营风险。这样的企业适合采取跟随型或者混合型薪酬策略，对高价值人才给予高薪，以支持企业重点业务发展。

采取收缩型战略的企业，一般处于下滑趋势或企业经营处于亏损状态，主要依靠收缩业务或缩小人员规模的方式以改善企业现金流。这类企业适合采取滞后型薪酬策略，以控制人工成本支出。

2.2.9　企业与员工的薪酬谈判

薪酬水平也受到劳资双方谈判的结果影响，在薪酬谈判中，如果员工有较高的谈判能力，便可能实现较高的薪酬收入。对于企业来说，求职者历次工作的薪酬信息是关键因素，如果企业能够掌握求职者之前工作的薪酬水平的话，那么在薪酬谈判时则能占据主动地位，并考虑对求职者采取何种薪酬水平策略。

2.2.10　员工个人因素

首先，员工个人的工作绩效会影响其薪酬水平，尤其是与绩效相关的薪酬，员工工作绩效好则可能获得较高的绩效薪酬。

其次，一些企业的薪酬水平与员工的工作年限也有一定的关联，尤其是如果企业设定企龄工资的话，则工作年限与薪酬水平成正相关。企业制定企龄工资，为的是稳定员工队伍，降低员工流动成本。

最后，岗位责任的大小也会决定薪酬水平。当岗位需要承担较大的责任时，对员工的心理和生理都会产生压力，因此，作为补偿，企业会倾向于较高的薪酬水平。通常来说，岗位越重要、职务越高，承受的责任越大，任职者的薪酬就越高。

 **2.3 如何做薪酬调查**

薪酬调查是指企业采用科学的方法，通过有关途径，对市场上相关行业的各类人员的薪酬福利待遇等信息进行收集、调查等，是收集其他雇主的薪酬数据并做出判断的系统过程。大多数企业在确定自己的薪酬水平、确保薪酬水平的外部竞争性时，都是以薪酬调查数据为依据的。通过薪酬调查，企业可以了解并掌握市场、行业最新的薪酬趋势、薪酬支付信息等，有利于企业及时优化薪酬策略，规划更符合本企业实际需求的、个性化的、有针对性的薪酬水平和薪酬结构，从而进一步增强企业的竞争力。

2.3.1　薪酬调查的主体不同

我国目前组织开展薪酬调查的主体主要有政府机构、管理咨询机构、学术研究机构、媒体等。

政府机构，比如人力资源和社会保障部门、统计部门等，往往会针对全国或某地区各行各业的薪酬水平开展薪酬调查，主要是为宏观指导和制定政策等提供服务。比如，依据调查数据制定有关宏观调控政策和最低工资标准、城镇居民最低生活保障线等。政府机构开展的薪酬调查多集中在工资上，未涉及其他形式的薪酬，体现不出企业个性化的需求。

管理咨询机构和学术研究机构的薪酬调查范围比较集中，区域性较强。薪酬调查的岗位主要集中在通用类岗位，不仅关注工资水平，还调查其他形式的薪酬，既注重现行的薪酬水平，又注重薪酬趋势分析。调查结果对企业了解本地区、本行业薪酬水平有参考价值，能为企业设计薪酬制度提供依据。但是，由于各个调查机构使用的调查指标不统一，调查结果的可比性可能不高。

媒体在线调查的内容大多比较全面，调查结果的服务对象主要是求职者。但是这一类调查的主要缺陷是可靠程度低，缺乏代表性。

2.3.2　薪酬调查的范围

1. 地区薪酬调查

地区薪酬调查是采集各省市、地区的薪酬数据，将薪酬数据汇总，进行分位值展示的市场调研，是企业衡量自身薪酬水平外部竞争性的重要的地域性参考依据。

地区薪酬主要涉及年度基本薪酬、年度固定薪酬、年度总现金、年度整体薪酬等，并从等级、职类、岗位三方面展现与分析本地区各行业的薪酬水平与结构占比，以及与周边地区的薪酬比对等。地区薪酬调查不仅体现企业在本地区的竞争性，也是企业薪酬调整的外部标准和主要参考依据。地区薪酬调查能够使企业精准把控区域定位，形成强有力的薪酬竞争态势，能够对区域性招聘的岗位价值进行定位，可以成功吸引地域优秀人才，并为防止人才流失提供准确的数据支持。

2. 行业薪酬调查

行业薪酬调查是采集行业薪酬数据，将薪酬数据汇总，进行分位值展示的市场调查。行业薪酬调查结果是企业所处行业的薪酬风向标，体现行业近一年内的薪酬变化。行业薪酬调查和地区薪酬调查一样，也涉及年度基本薪酬、年度固定薪酬、年度总现金、年度整体薪酬，从等级、职类、岗位这三方面展现并分析本行业的薪酬水平与结构占比等。行业薪酬调查是企业在本行业内衡量自身报酬水平外部竞争性的重要参考依据，能够使企业的薪酬与市场接轨，有助于企业根据市场变化平衡与调整本企业的薪酬水平与结构，有效地吸引行业内优秀人才，保留和激励人才。

3. 企业薪酬调查

企业薪酬调查一般分为五类：同行业中同类型的其他企业；其他行业中有类似岗位或工作的企业；与本企业用同类人，构成人力资源竞争的企业；本地区在同一劳动力市场上招聘员工的企业；经营策略、信誉、报酬水平和工作环境合乎一般标准的企业。

2.3.3　企业薪酬调查的方式

1. 委托第三方机构调查

第三方机构调查有充足的、可靠性比较高的信息，以及相对专业的调查手段和分析方法，获得信息的专业度和系统性都比较好，且时效性强。因此企业可以在调查前，与第三方机构就薪酬调查的目的进行沟通和明确，如地区，被调查企业的规模，所需调查的岗位范围、薪资和福利的构成，等等。作为委托方，企业会对调查过程进行监控。

2. 通过招聘获得薪酬数据

企业在招聘过程中，会获得求职者以往任职企业的薪酬信息。因此，可以将该信息进行收集、甄别、参考使用。另外，其他企业在各大招聘网站发布的招聘信息，也可以为本企业薪酬定位和区间描述提供借鉴。如果收集到的信息、数据比较多，则要进行仔细甄别和整理，采用频率分析法进行分析，得到调查岗位的薪酬区间分布情况。

3. 企业之间的相互调查

企业间相互调查是对行业内竞争企业的薪酬水平进行摸底。

有的企业是找到自己的标杆企业作为被调查企业，与其人力资源管理部门联系，确认对方参与调查的意愿，与之交流学习，了解其薪酬结构与水平情况。有的则是根据要调查的岗位，了解同行业或其他行业同类岗位的薪酬信息，直接从其他企业获取相关信息，或通过非官方渠道了解信息。有些企业为了实现信息资源共享，还会在企业间建立一些非正式的组织，定期进行包括薪酬信息在内的信息交换和共享，实现信息互通。此外，企业还可以经常参加一些同行业的活动，比如沙龙活动、论坛互动交流活动、协会活动等，通过交流来了解其他企业的薪酬水平。

4. 通过发放调查问卷的方式进行薪酬调查

企业可以通过互联网面向特定岗位的群体发放薪酬调查问卷，获得相关薪酬信息，并对收集到的信息进行分析。

5. 收集社会公开信息

企业通过社会上公开的薪酬调查数据衡量本企业的薪酬水平，从而制定薪酬制度。

2.3.4　薪酬调查的实施步骤

1. 准备阶段

（1）确定调查目的。企业应该首先明确调查的目的和调查结果的用途。一般而言，调查结果可以为调整整体薪酬水平、调整薪酬晋级政策以及调整某个具体岗位的薪酬水平等工作提供参考和依据。

（2）确定调查的范围。根据调查的目的，可以确定调查的范围。确定调查的范围主要是要确定需要对哪些企业进行调查，需要对哪些岗位进行调查，需要调查该岗位的哪方面内容，调查的起止时间，等等。比如企业位于某市的开发区或者新区，那么企业既要调查所在城市的薪酬水平，也要调查其所处的开发区或者新区的薪酬水平。另外，企业人才的招募范围也决定了薪酬调查的区域范围。如果企业以招聘本地人才为主，那么则需要调查当地以及相邻区域内相同或者相近行业的薪酬水平。如果是面向行业内招聘人才，那么调查范围就必须扩展到全国甚至全球相近或者相同行业的优秀企业。除此以外，员工流出企业后的去向区域也是需要重点调查的范围。同一区域内的企业其实可以考虑共建联盟，就薪酬水平达成共识，避免区域内人才的恶性竞争。

（3）确定调查的基准企业和基准职位。基准企业指的是企业在进行薪酬调查时需要选择与自己企业的性质、工作类型、管理模式最相近且最有比较价值的企业进行调查。企业还可以调查几个采取领先型薪酬策略的企业；企业所在行业的平均薪酬水平可以参照政府统计部门或者专业机构发布的相关统计资料。

基准职位是指那些在所有的企业中，特征和性质相似，供求相对稳定，职位内容众所周知的职位。这些职位的工作性质明确、固定，分布在企业各相关部门，有足够数量的在职员工，这些职位能代表当前所调查的完整的职位结构，一般占企业全部工作岗位的1/3左右，具有一定的代表性。

需要指出的是，在对职位进行薪酬调查时需要清楚地定义每个被调查职位，这样才可以让负责调查的人或机构确定每个职位的工作性质，并且可以与其他基准职位相匹配。调查中需要收集的薪酬信息内容包括：基本薪酬结构（如年薪、月薪、小时工资，最低值、最高值、中间值等等）、年度奖金和其他年度收入、股票期权（如果有）、福利、其他信息（如试用期工资、新员工起薪、兼职员工工资等）。

（4）确定选择哪种类型的薪酬调查。确定了调查的目的和调查范围，企业就可以选择调查方式：是企业自己组织薪酬调查，还是请咨询机构做调查，或是使用政府统计部门提供的薪酬信息，等等。

首先可以考虑企业之间的相互调查。企业的人力资源部门可以与相关企业的人力资源部门进行联系，或者通过行业协会等机构进行联系，展开薪酬调查。若无法获得相关企业的支持，可以考虑委托专业机构进行调查。但是无论选择哪种类型，都需要衡量不同调查方式的优缺点。

根据相关统计显示，企业获取薪酬信息的途径主要有如下几种：①企业直接进行薪酬调查，但难度较大；②请咨询公司进行薪酬调查，成本较高，且信息质量难以把握；③通过非正式的交谈获取薪酬信息；④获得政府提供的薪酬信息。质量和可信度是获得薪酬信息的两个关键因素。

（5）根据实际情况和需求确定调查时间。可以选择年度、半年度或季度进行，这可以帮助企业获取比较全面的薪酬信息。

（6）设计、编制薪酬调查问卷。薪酬调查一般采用问卷调查法和访谈法（也称"面谈法"），如果采取问卷法则由企业直接发放问卷，或者委托有关机构进行调查。调查问卷的内容包括：①企业信息，如企业名称、企业规模、所在行业、销售额或销售收入、员工人数等；②职位信息，如职位描述；③薪酬信息，如基本薪酬、激励薪酬、绩效薪酬、加班加点工资、福利、社会保险等（如表 2-6 和表 2-7）。如果采取访谈法，要提前拟好问题提纲（如表 2-8）。

表2-6 市场薪酬调查表

企业基本情况

员工人数：（____）人

投资规模：（____）万元

是否上市：（____）

分公司数量：（____）个

所处城市类别（A~E）：（____）

A. 一线城市	B. 二线城市	C. 三线城市	D. 四线城市	E. 其他

企业性质（A~E）：（____）

A. 国营控股	B. 私营控股	C. 外资控股	D. 港澳控股	E. 其他

所属行业（A~U）：（____）

A. 农、林、牧、渔业	B. 采矿业	C. 制造业	D. 电力、燃气及水的生产和供应业	E. 建筑业	F. 交通运输、仓储和邮政业	G. 信息传输、计算机服务和软件业
H. 批发和零售业	I. 住宿和餐饮业	J. 金融业	K. 房地产业	L. 租赁和商务服务业	M. 科学研究、技术服务和地质勘查业	N. 水利、环境和公共设施管理业

（续表）

O. 居民服务和其他服务业	P. 教育	Q. 卫生、社会保障和社会福利业	R. 文化、体育和娱乐业	S. 公共管理与社会组织	T. 国际组织	U. 其他

主营业务（A~E）：（可多选）（_____）

A. 设计研发、技术服务	B. 生产加工、成品销售	C. 营销代理、渠道销售	D. 资金运营、融资筹划	E. 其他

薪酬构成情况

基本工资（ %）	岗位工资（ %）	绩效工资（ %）	奖金/提成（ %）	津贴（ %）	补贴（ %）

福利构成情况

基本养老保险（ ）	基本医疗保险（ ）	生育保险（ ）	工伤保险（ ）	失业保险（ ）	企业年金（ ）
公积金（ ）	餐费补贴（ ）	电话费补贴（ ）	住房补贴（ ）	交通补贴（ ）	商业险（ ）

企业主要岗位月度月税前平均薪资（取平均值）

序号	部门	岗位	月薪（元）	绩效薪酬占比（%）	年度奖金（元）	年薪（元）

表2-7　市场薪酬调查表

序号	调查单位名称	调查单位地址	岗位名称	岗位职责	薪酬（元/月）	工作时间	薪酬构成	福利项目	调查途径	调查日期	与本单位比较	备注

表2-8　薪酬访谈

一、基本情况

1. 姓名：

2. 职位：

3. 就职时间：

二、薪酬情况

1. 公司薪酬与其他同行业、同地区企业相比处于何种水平？

2. 公司内部对不同岗位、不同职位的薪酬是否公平？

3. 公司对关键人才有无特殊的薪酬政策？

4. 公司社会保险的收缴情况。

5. 公司福利有哪些？对员工是否有吸引力？是否应增加或减少？

6. 您的薪酬包括哪几个部分？公司是如何发放的？

7. 公司的薪酬标准是如何确定的？哪些因素决定薪酬标准？

8. 公司是否有明确的薪酬晋升标准和程序？请谈一下您对此的看法。

9. 公司是否有鼓励业绩、能力优秀员工的激励机制？请谈一下您对此的看法。

10. 您认为您目前的薪酬就是自己工作业绩的体现吗？

11. 与公司内其他同职位的人相比，您的薪酬处于什么水平？

12. 与外部同行业同职位相比，您的薪酬处于什么水平？

13. 您在职期间有没有调薪？有的话调薪幅度是多少？

2. 实施阶段

本阶段就是收集数据。目前有电话访谈、在互联网上发放调查问卷或面谈等方式（见表2-9）。

表 2-9　不同的数据收集方法比较

数据收集方式	优点	缺点
电话访谈	调查范围广，不用调查人填写，数据完整	耗时久
邮寄/E-mail 问卷	快速、安全	耗时久，回收率不高
面谈	数据准确	人工成本高
会议	在较短时间内采集到高质量的数据	时间上受到限制

3. 分析阶段

调查后，要对收集到的不同岗位和不同调查内容的信息数据进行分类、整理和分析，在整理的过程中要筛选并修正，剔除错误信息，得出被调查范围内的薪酬分布情况。常见的数据统计分析方法有以下几种。

（1）数据排列法。数据排列法是先将调查的同一类数据由高至低排列，再计算出数据排列中的 10% 点处、25% 点处、50% 点处、75% 点处和 90% 点处的数据，即分位数。10% 点处，即薪酬处于 10 分位（P10），代表市场上有 10% 的薪酬数值低于此数值，薪酬处于市场的低端水平；25% 点处，即薪酬处于 25 分位（P25），代表市场上有 25% 的薪酬数值低于此数值，薪酬处于市场的较低端水平；50% 点处，即薪酬处于 50 分位（P50），代表市场上有 50% 的薪酬数值低于此数值，薪酬处于市场的中等水平；75% 点处，即薪酬处于 75 分位（P75），代表市场上有 75% 的薪酬数值低于此数值，薪酬处于市场的较高水平；90% 点处，即薪酬处于 90 分位（P90），代表市场上有 90% 的薪酬数值低于此数值，薪酬处于市场的高端水平。薪酬水平高的企业应注意 75% 点处，甚至是 90% 点处；薪酬水平低的企业应注意 25% 点处；一般的企业应注意 50%

点处。

计算分位数的方法有多种，最常用的是将一组数据按从小到大的顺序排列，再用样本容量 n 乘分位数，得到一个数 m，再查看排序后的第 m 个数。如果 m 是整数，则从小到大排列的这组数的第 m 位就是所要计算的分位数；如果 m 是小数，则需要找到比 m 大的最小整数，该整数位置上的数值即为所要计算的分位数。以某调查同行业 15 家公司的行政人力岗位工资数据为例（见表 2-10），看如何计算分位数。有 15 个数字，如果计算 10 分位数的话，就用 15 乘以 10%，等于 1.5，1.5 是个小数，则需要找到比它大的最小整数，即 2，所以排在第 2 位上的数字就是 10 分位数。那么第 2 位上对应的工资 2850 元，就是 10 分位数上的工资水平。

表 2-10　同行业 15 家公司的行政人力岗位工资调查数据

排序	公司名称	月平均工资（元）	分位
1	公司A	2600	
2	公司D	2850	P10
3	公司C	2900	
4	公司B	3050	P25
5	公司R	3100	
6	公司Y	3150	
7	公司H	3200	
8	公司U	3250	P50
9	公司O	3300	
10	公司W	3350	

排序	公司名称	月平均工资（元）	分位
11	公司 Q	3500	
12	公司 P	3700	P75
13	公司 M	3800	
14	公司 T	3850	P90
15	公司 V	3900	

（2）频率分析法。如果被调查企业没有给出某类岗位完整的工资数据，只能采集到某类岗位的平均工资数据的话，那么在进行数据分析时，为了了解某类岗位人员工资的一般水平，可以采取频率分析法。这种方法是记录、分析各工资额度内各类企业岗位平均工资水平出现的频率（示例见表 2-11）。为了更直观地进行观察，还可以根据调查数据绘制出柱状图（见图 2-1）。

表 2-11　部门行政人力岗位工资频数分布统计表

月平均工资额度（元）	出现频数
3800—3999	3
3600—3799	1
3400—3599	1
3200—3399	4
3000—3199	3
2800—2999	2
2600—2799	1

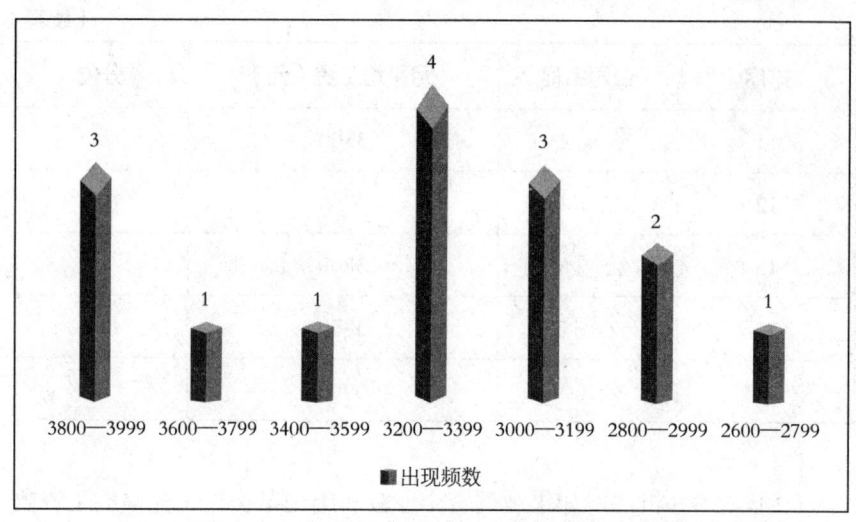

图 2-1　部门行政人力岗位工资频数分布图

（3）趋中趋势分析法。趋中趋势分析法具体包括简单平均法、加权平均法和中位数法。

简单平均法指的是某一时间段（通常以小时、日、月、年为单位）调查样本中的薪酬总数除以样本数量后得到的平均值，作为确定本企业同类岗位人员工资的基本依据。具体公式如下：

某岗位市场薪酬 = ∑样本企业该岗位的薪酬数据 ÷ 样本企业数量

例如，某公司对 8 家同地区、同行业公司的行政人力岗位的月度薪酬进行调查，如表 2-12 所示。

表 2-12　行政人力岗位月度薪酬调查结果统计表　　单位：元

公司 A	公司 B	公司 C	公司 D	公司 E	公司 F	公司 G	公司 H
6900	5000	4750	3890	3500	3350	3300	3000

根据简单平均法的公式，得出行政人力岗位的月度市场薪酬为：

（6900+5000+4750+3890+3500+3350+3300+3000）÷8

=4211.25（元／月）

　　这种方法用起来比较简单，但是有时最大值和最小值有可能会影响结果的准确性，因此采用简单平均法时，应当首先剔除最大值与最小值，然后再计算结果。

　　例如，上述案例中剔除薪酬最大值和最小值的影响后，行政人力岗位的月度市场薪酬为：

（5000+4750+3890+3500+3350+3300）÷6=3965（元／月）

　　加权平均法是指对不同企业的薪酬数据赋予不同的权重，权重的大小取决于每一家企业在同类岗位上工作的人数。即，当某企业中从事某类岗位工作的人数越多，则该企业提供的薪酬数据对于最终平均值的影响就越大。

　　某岗位市场薪酬 = ∑（样本企业薪酬额 × 样本企业该岗位员工数）÷ ∑样本企业该岗位员工数

　　仍以这8家公司为例，用加权平均法计算月度薪酬（见表2-13），则得出行政人力岗位的市场薪酬为：

（6900×3+5000×4+4750×2+3890×5+3500×4+3350×3+3300×3+3000×5）÷（3+4+2+5+4+3+3+5）=4089.66（元／月）

表2-13　行政人力岗位月度薪酬及岗位人数调查结果统计表

	公司A	公司B	公司C	公司D	公司E	公司F	公司G	公司H
月度薪酬（元）	6900	5000	4750	3890	3500	3350	3300	3000
岗位人数（人）	3	4	2	5	4	3	3	5

使用该方法，规模不同的企业实际支付的薪酬会对最终的调查结果产生不同的影响。在薪酬调查结果基本能够代表行业总体状况的情况下，采用加权平均法处理、分析后得出的数据更能接近市场的真实状况。

中位数法是指先将收集到的全部统计数据按照从小到大或者从大到小的次序排列之后，再找出居于中间位置的数值（即中位数）作为确定某类岗位人员薪酬水平的依据。如果数据个数为奇数，则取中间的数字；如果数据个数为偶数，则取中间两个数的平均数。

（4）离散分析。常见的离散分析包括百分位分析法和四分位分析法。百分位分析法是将某种岗位的所有薪酬调查数据从低到高排列，划分为 100 份。用 N 分位值表示有 N% 的样本数值小于此数值。N 为从 0 到 100 的整数。百分位分析法中最常用的就是 90 分位值、75 分位值、50 分位值、25 分位值和 10 分位值。百分位分析法主要应用于企业薪酬水平的战略定位方面，因为它直接揭示了本企业的薪酬水平在市场中所处的地位。例如，某企业的行政人力岗位月度薪酬为 4000 元，通过表 2-14 可看出市场中有超过 90% 的同类企业行政人力岗位的薪酬水平比该企业的低，意味着该企业行政人力岗位的薪酬处于市场领先水平。

表 2-14　行政人力岗位月度薪酬百分位调查结果统计表

	90 分位值	75 分位值	50 分位值	25 分位值	10 分位值
月度薪酬（元）	3850	3750	3250	3050	2850

四分位分析法与百分位分析法类似，只是在进行四分位分析时，首

先将某岗位的所有薪酬调查数据从低到高进行排列，将 100 份数据划分为四组，分别用 Q1~Q4 表示，每组中包括的数量分别为薪酬调查总数的四分之一，即 25%。当 Q=4 时，代表样本数据的最大值；当 Q=3 时，代表样本数据的 75 分位值；当 Q=2 时，代表样本数据的 50 分位值；当 Q=1 时，代表样本数据的 25 分位值。

（5）图表分析法。图表分析法是在对薪酬调查数据进行汇总、整理的基础上，按照一定格式制作统计表（见表 2-15），然后根据需要制作成各类图形如饼状图（如图 2-2 和图 2-3）、折线图（如图 2-4）、柱状图（如图 2-5）等形式，再对薪酬结果进行分析。图表分析法具有直观、形象、鲜明、清晰和简洁的特点，也是咨询公司经常采用的分析方法。

表 2-15　A 公司和市场中的行政人力岗位薪酬构成比例统计表

	固定工资	绩效工资	福利	补贴	津贴
A 公司	70%	10%	10%	5%	5%
市场	55%	20%	20%	2%	3%

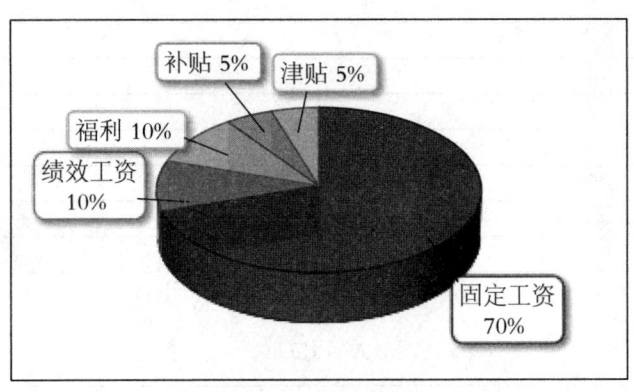

图 2-2　A 公司行政人力岗位薪酬构成比例饼状图

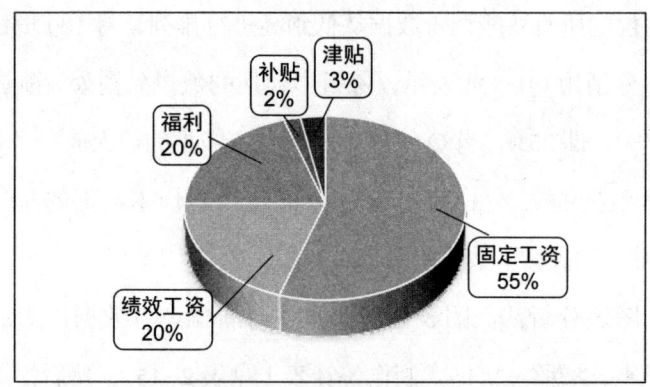

图 2-3　市场中行政人力岗位薪酬构成比例饼状图

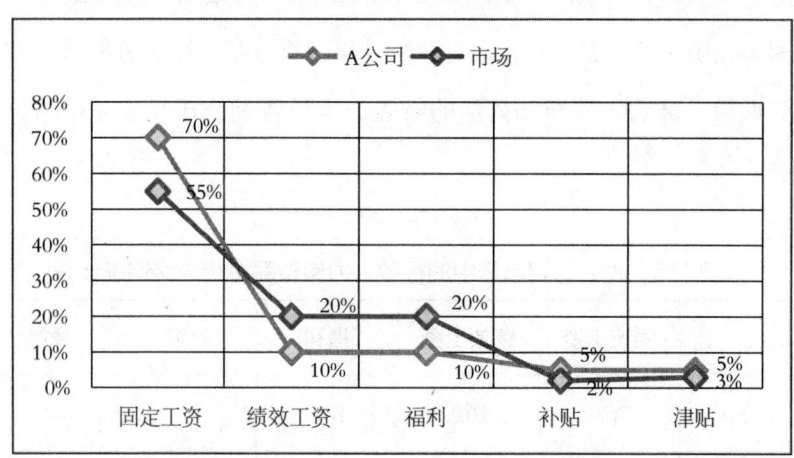

图 2-4　A公司和市场中行政人力岗位薪酬构成比例比较分析折线图

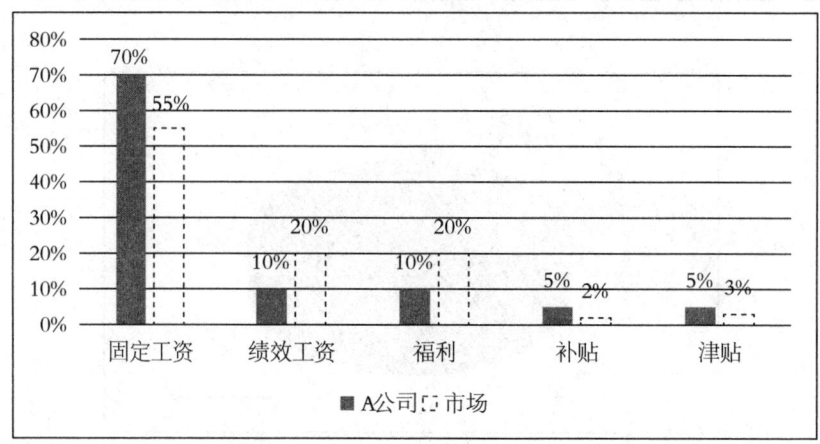

图 2-5　A公司和市场中行政人力岗位薪酬构成比例比较分析柱状图

根据图 2-4 和图 2-5 可看出，A 公司的行政人力岗位固定工资、津贴和补贴等的占比大于市场情况，而绩效工资和福利的占比小于市场情况。

（6）回归分析法。回归分析法是借用 SPSS、EXCEL 等数据统计软件分析两种或两种以上数据之间的关系，从而找出影响薪酬水平、薪酬差距或薪酬结构的主要因素以及这些因素的影响程度，进而对薪酬水平、薪酬差距或薪酬结构的发展趋势进行预测。例如，分析各个职级和薪酬数据，自变量为各个职级，因变量为薪酬数据，然后对这两组数据进行回归分析，算回归系数来判定拟合度。

如某公司的月度工资和职位评价得分如表 2-16 所示，根据此表，可以做出月工资与职位评价的回归曲线（见图 2-6）。通过对散点图的观察，发现这些散点呈现线状，这说明月工资与职位评价得分的线性相关性很强，月工资能被职位评价得分解释的部分较多，不能被解释的部分较少。

表 2-16　某公司的月度工资和职位评价得分

序号	月工资（元）	职位评价得分
1	2860	210
2	3250	254
3	3400	286
4	3670	300
5	3880	330
6	3976	356
7	4000	373

（续表）

序号	月工资（元）	职位评价得分
8	4267	392
9	4578	409
10	4880	420
11	4932	433
12	5105	451
13	5330	478
14	5480	492
15	5770	520
16	5986	552

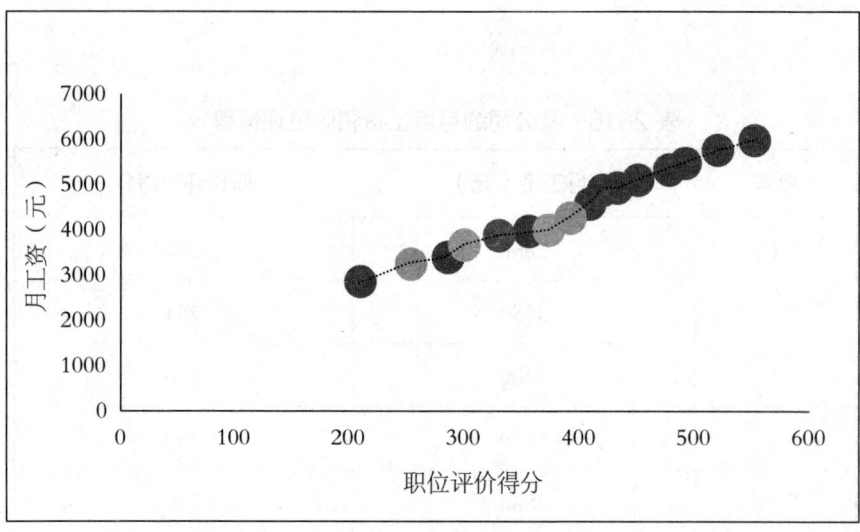

图 2-6　月工资与职位评价的回归曲线

又如，员工离职（因变量），可能受薪酬、福利、每天的通勤时间、工作强度等多个自变量影响，这时 HR 可以对这些自变量做回归分析，可以算出每个因素的回归系数，得出回归方程，从而判定哪个自变量是影响员工离职这一因变量最核心的因素。回归分析法通常用公式和图表来显示数据的集中趋势，相关系数的值越接近 1，回归预测就越可靠。

4.应用阶段

这是薪酬调查的最后一个阶段。根据调查的目的，对数据进行有针对性的分析，形成最终的调查结果（常见的是薪酬调查报告）。一份规范的薪酬调查报告包括基本资料概述以及职位薪酬水平情况。具体内容包括所调查企业的常规数据、制度、薪酬和福利保险政策，以及调查职位的数量、简要的职位说明、薪酬范围（如薪酬最高值、最低值、平均值、中位值、四分位数）等。薪酬调查报告的作用如下。

（1）可以帮助企业了解本地区劳动力市场，特别是本行业的普遍的薪酬行情，如平均薪酬总额、平均薪酬水平和职位薪酬信息等，然后可以结合本企业的实际情况，制定适合本企业的薪酬总额标准。

（2）企业可以根据所在行业的特点，结合自身的战略目标、管理模式以及发展需要，确立适合本企业的薪酬政策体系。

（3）可以用来指导企业进行年度薪酬调整。大多数企业每年会对员工的薪酬进行一次统一调整，调整时主要参考三个因素：物价指数、市场值和企业的营运状况。其中，市场值来源于参加调查的企业所提供的年度薪酬预计调整比率。

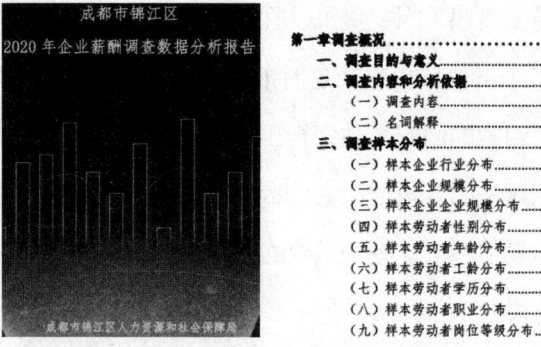

成都市锦江区
2020 年企业薪酬调查数据分析报告

成都市锦江区人力资源和社会保障局

图 2-7　薪酬调查数据分析报告范例

扩展阅读——薪酬调查报告应用实例

2024 年 4 月 1 日，智联招聘发布了最新的《中国企业招聘薪酬报告》，其中包括全国 38 个核心城市的企业招聘薪酬水平。报告显示，2024 年一季度，38 城企业平均招聘薪酬为 10323 元 / 月。从招聘薪酬的分位数来看，这些城市企业的招聘薪酬 25% 分位数为 6000 元 / 月，中位数为 8000 元 / 月，75% 分位数为 11996 元 / 月。

报告监测的全国 38 个核心城市中，上海（13617 元 / 月）、北京（13316 元 / 月）和深圳（12751 元 / 月）的平均招聘薪酬持续领先，薪酬中位数过万。与上季度相比，珠海和佛山的平均招聘薪酬分别增长 1% 和 1.2%，招聘薪酬排名也分别上升 1 名、2 名。哈尔滨的冰雪旅游带动当地就业上升，招聘薪酬以 7% 的同比增速排名第一。

在行业方面，金融行业的平均招聘薪资持续领先，包括基金 / 证券 / 期货 / 投资（13374 元）、银行（12373 元）、保险（11679 元）等行业，薪酬中位数超过 9500 元。而娱乐 / 体育 / 休闲、医疗 / 护理 / 美容 / 保健 / 卫生服务行业的招聘薪酬分别为 9448 元、9713 元，排名均提升 7 位。

（资料来源：https://www.163.com/dy/article/IUN7VIED051480KF.html ）

2.3.5　薪酬调查应当注意的问题

（1）要确保薪酬调查数据的真实性、准确性和可比性。薪酬调查数据的质量非常重要，要采用专业的调查手段以及数据采集和处理方法，才能在一定程度上确保薪酬调查数据的质量。

（2）要关注调查数据形成的原因。薪酬水平可以受当地有关的法律法规、经济状况、行业特点、人力资源市场供需关系以及企业自身的经济实力等因素的影响。因此，进行薪酬调查时要考虑薪酬调查数据的可比性，要选取合适的标杆企业。

（3）要对薪酬调查数据进行分类统计，减少平均化的影响。平均数容易受一些极端值的影响。企业在设计或调整薪酬时，往往针对不同岗位的员工采取差异化策略。因此，在处理薪酬调查数据时，要针对不同岗位进行分类统计和处理，然后选择相同岗位人员的薪酬进行比较，这样才有可比性和参考价值。

（4）企业在分析薪酬调查数据时，应综合考虑短期数据和长期数据各自的特点和适用范围。短期数据的不确定性因素较大，长期数据相对稳定、客观。因此企业在确定年度薪酬增长水平时，可以短期数据为主；在制定薪酬增长规划时，以长期数据和未来预期为主。

（5）重点分析劳动生产率指标。可以将人均薪酬水平与劳动生产率指标进行比较、分析，以劳动生产率为基础，综合分析薪酬增长水平是否在合理区间内，使薪酬水平更加符合企业的实际情况，并由此确定下一年度的薪酬增长计划。

第3章

薪酬结构设计与调整

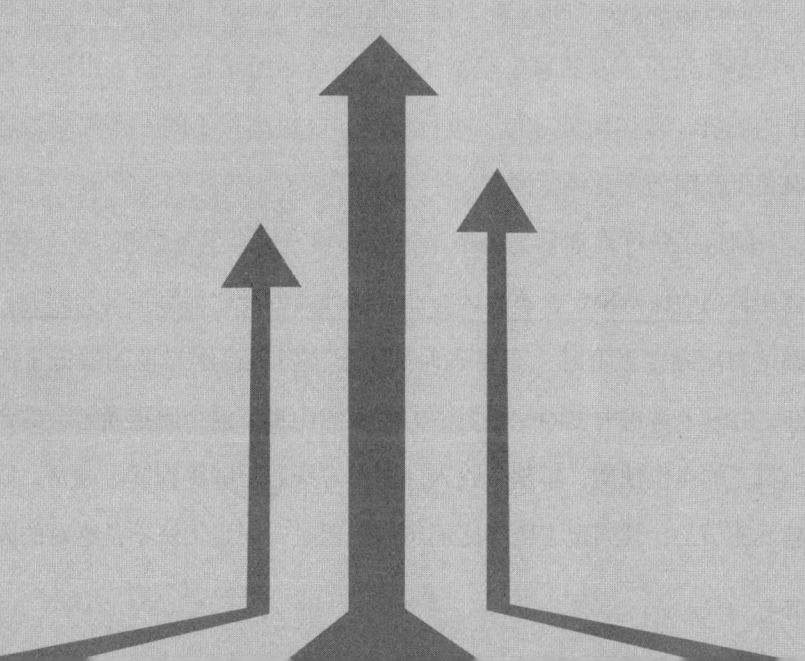

3.1 工资设计

3.1.1 固定工资设计

固定工资是一种薪酬模式，它是指在法律的保障范围内，依靠劳资双方达成的契约，劳动者明确可知的、固定获得的报酬，例如基本工资、岗位工资、小时工资、月工资、季度工资、年度工资等。固定工资是确定退休金、福利待遇、抚恤金等项目的参照基础。它的主要依据是劳动者的技能、工作熟练程度、劳动复杂程度、责任大小、工作环境以及不同工作在国民经济中的地位，并考虑到劳动者的工龄、学历、资历等因素。固定工资是保障员工基本生活的收入，是无风险的收入部分，具有相对的稳定性，它不因员工的工作表现或公司经营状况的好坏而增减变动。从理论上讲，固定工资包括生存工资（subsistence wage）和效率工资（efficiency wage）两个部分，前者的作用是满足员工及其家庭基本生活，后者是给予员工高于市场平均水平的工资，其作用是对员工进行激励，以提高员工的工作效率，进而提高生产率与企业经营绩效。

固定工资标准通常为每个工资等级规定一个工资数额，一旦确定，会在长期内保持稳定，不会因企业经济效益的变化而直接受到影响。在确定月度固定工资时，需要确保其下限工资额高于当地的最低生活标准，并且要考虑月度固定工资占月收入的比重。这个比重通常会综合考虑员工的岗位性质、年基本收入、职务等级、工龄等因素。通常，职级越低的员工，其固定工资的比例越高。但是，固定工资不是绝对的固定值，明确可知的、稳定增长的工资也在固定工资的范畴内。它随着行业水平的提高、企业政策的调整以及企业员工平均工资水平的提高、工龄增长、职务等级的提高而提高。固定工资制的优点在于易于操作且计算简单。

在正常情况下，虽然固定工资对劳动者来说是固定的和有保证的，但是它也存在经济学上的边际效用递减规律。例如某公司员工小王，4 年内的工资基本没有变化，虽然每年的工资是相同的，但对他产生的效用是不同的——从第一年拿到工资的兴奋到第四年对工资无感。因为固定工资是固定的，只要正常工作就可获得，无须过多努力。所以，固定工资的稳定性会降低员工对此报酬的重视程度，在员工心里，固定工资的价值是逐渐下降的。固定工资起到的是一种"保健作用"，它能满足员工的基本需求，但不能满足员工更高的需求，员工工作表现好坏不能及时反映在工资上，也无法满足员工实现自我价值的需求。因此，固定工资的固定性使得它无法跟上环境和条件的变化，从而导致其激励效果逐渐下降，影响员工的工作积极性，不利于企业发展。

3.1.2　可变工资设计

可变工资是指薪酬系统中与绩效直接挂钩的部分，有时也被称为"绩效工资"或"浮动工资"。它是将工资与考核结果相挂钩的工资制度，即"以绩取酬"。

根据组织性质，绩效工资可以分成事业单位绩效工资和企业绩效工资。

事业单位的绩效工资通常包括基础绩效和奖励绩效两部分，其中基础绩效占绩效工资的 70%，奖励绩效占 30%。基础性绩效工资主要体现地区经济发展水平、物价水平、岗位职责等因素，一般按月发放。奖励性绩效工资主要体现工作量和实际贡献等因素，根据考核结果发放。基础绩效直接计入工资，奖励绩效则由单位根据实际情况制定分配方案。

企业中绩效工资的计算方式通常涉及企业绩效、个人绩效、企业系数、个人系数等多个因素。根据员工的工作业绩和能力，将绩效工资分为不同的档次，每个档次对应一个绩效工资标准，按照该标准发放绩效工资。

由于可变工资在个人所得与工作绩效之间建立联系，可以引导员工把注意力集中到组织奖励的目标上，因此，受到了很多组织的青睐。可变工资是一种有条件薪酬，该工资的多少随企业经营业绩而变化。当企业经营业绩高时，员工的可变工资就高；反之，当企业经营业绩低时，员工的可变工资就低。可变工资使企业的薪酬成本变得富有弹性。当企业面临竞争压力或经济状况不佳，无法调整固定工资时，可以适当调低可变工资，削减薪酬成本，减轻裁员的压力。这样做，既可以提高企业的竞争力与生存能力，也可以提高企业员工的职业稳定性。

在设计可变工资时，需要针对不同的岗位进行具体设计。以销售人员为例，对其设计可变工资，有助于企业提升竞争力，可为企业创造更多利润。针对销售人员设计可变工资时，首先，要把销售人员所销售产品的销售额、销量、产品销售利润率作为业绩评价指标，业绩好的销售人员可变工资水平就高，这样可实现对销售人员的激励。其次，成本负担比较重的企业，应该减少销售人员的固定工资，增加其可变工资的比重，这样既可以减轻薪酬成本压力，又可以增强薪酬的激励性。再次，如果企业以物质激励为主，那么销售人员的可变工资水平应该设计得高一些。最后，如果企业所属行业发展较好，行业平均薪酬水平比较高的话，那么销售人员的可变工资水平也应该比较高，这样，通过横向对比，也可以实现对销售人员的激励。

3.2　奖金设计

3.2.1　奖金和工资的区别

奖金与工资不同。固定工资是对定额劳动给予的报酬，绩效工资在于约束，而奖金则是对超额劳动给予的报酬。

奖金的数额以及占总薪酬的比例一般不固定，它通常随超额劳动的变化而变化，一般按月度、季度或年度发放。奖金的实质是"企业业绩分红"，即从企业业绩目标的超出部分中拿出一定数额的业绩奖金，有差别地分配给企业员工。奖金是对员工超额完成工作的激励，奖励员工的突出贡献，调动员工的积极性和主动性，培养员工的创新精神和协作能力，提升企业的绩效和竞争力。奖金主要受企业整体业绩表现的影响，企业未达到预定的绩效目标或企业总体经济效益不理想时，可以不发奖金。

3.2.2　奖金设计的方法

设计奖金时一般采用奖金池或奖金系数的方法。

奖金池是指根据企业的利润情况，设定一个奖金总额，按照员工的工作业绩和贡献，分配给各个员工。奖金系数是指根据员工的工作业绩和贡献，计算出贡献率，乘以其基本工资，得到其奖金金额。

贡献率是衡量员工对岗位的重要程度和员工为企业创造价值的一个经济性指标。计算公式如下：

贡献率＝员工个人的贡献量÷全体员工的总贡献量×100%

贡献率不仅可以使员工明确自身价值和个人成长的方向、目标，还可以衡量和促进企业薪资发放的公平性。

员工个人贡献量受员工个人技能水平、绩效考核结果等诸多因素影响，难以量化。而员工工作完成质量则可直接影响绩效考核结果。工作质量被评定为优秀、良、中、合格、差这几个不同等级的员工，其奖金系数也不同，例如：被评定为优秀，奖金系数为1.3；被评定为良，奖金系数为1.2；被评定为中，奖金系数为1.1；被评定为合格，奖金系数为1；被评定为差，奖金系数为小于1的数或者为负数（即奖金少得、不得甚至还得被倒扣奖金）。

3.2.3 奖金的分类

1. 按对生产的作用分

（1）生产性奖金或工资性奖励。这是由于员工提供了超额的劳动，企业直接增加了收益而给予员工的奖励，比如超产奖金、增产奖金等。

（2）创造发明类或合理化建议奖。它是由于员工的劳动改变了生产条件，提高了企业的劳动效率、为企业增加收益创造了有利条件而给予的奖励。例如，从2021年开始，河南省郑州市总工会、市科协在郑州市各级机关、各类企事业单位中开展新时代企业职工小发明、小创造、小设计、小革新、小建议等"五小"成果评选活动。活动旨在大力弘扬劳模精神、劳动精神和工匠精神，激励广大一线职工广泛开展发明创造、技术革新、技术攻关、合理化建议等群众性技术创新活动，增强郑州市企业的创新发展动力。评选分为产品类、设备类、工艺类、成本与管理类、环保与节能类、管理服务类。2022年第二届活动，组委会根据职工创新成果综合情况，分别设立一等奖 10 名，奖金各 10000 元；二等奖 20 名，奖金各 6000 元；三等奖 30 名，奖金各 4000 元。[1] 2024 年的第四届设立一等奖、二等奖、三等奖共 30 名，市总工会设立奖金 14.5 万元。创新成果一等奖获得者可按照程序申报郑州市"五一劳动奖章"称号；二等奖、三等奖获得者由郑州市总工会授予"郑州职工创新标兵"称号。所有获奖选手参加"郑州大工匠"评选可作为加分项。[2]

2. 按奖金支付对象分

（1）员工个人奖金。它是用来激励员工个人实现其绩效目标而设立的一种短期奖励方式。比如，全勤奖金、个人绩效考核奖金等。

（2）团队或全员奖金。凡是集体作业，不能对个人单独考核劳动定额和其他技术经济指标的，以团队 / 集体为计奖单位，实行集体奖。这是一种基于团队绩效激励而设立的奖励薪酬项目，团队成员只有达到或超过生产或服务标准时，才能获得事先确定的奖励。设立团队或全员奖金的目的是支持团队成员共同解决问题，鼓励团队间或全员的合作。

例如，2024 年 4 月 24 日，三只松鼠董事长兼 CEO 章燎原透露，公司因在 2024 年货节取得较好的营收和利润双增长，决定向全员发放总额超过 2000 万元的成果奖金，此次派发奖金基于"超预期的成果"。此次派发对象除高管以外全员均有，无论是中层干部、销售一线、产品开发，还是主播、客服、工人等，目的是一群人一起做一件事：让坚果和好零食普及大众。章燎原在此次内部信里同步表示，2024 年三只松鼠将持续推进组织活力的升级，不断打磨更好的组织结构与激励举措，让一群人更容易协同、更容易做成事、更容易成长的同时获得更多的外部超额成果，从而让大家享有更多的超额物质激励，进而打造三只松鼠更

---

〔1〕　https://www.zhengzhou.gov.cn/news1/6308941.jhtml

〔2〕　https://www.hngh.org/portal/article/index/id/16816/cid/149.html

加幸福的组织生活。[1]

（3）其他。①收益分享。企业收益分享可以按月度、季度、半年度和年度进行，具体和企业对工作业绩的衡量方式有关，员工参与分享超过常规收益的那部分额外收益。企业经常进行额外收益的分配会使员工对奖励的感受度变高，所以大多数有收益分享计划的企业在可能的情况下都选择比年度分配要频繁的分配次数。②利润分享。指的是将企业的部分利润在员工间进行分配。员工被分配多少利润通常由劳资双方在年底分配之前通过谈判确定。根据有些利润分享计划，员工在年底可直接获得应分享的部分；而有些利润分享计划则会推迟利润分配，将其置入企业年金中，员工只有在退休或离职时才能提取。③员工持股计划。员工持股计划是常见的一种长期奖励形式，它是指企业以赠送或低价出售企业股票的形式使员工获得部分报酬。实行员工持股计划的企业通常规定，企业赠送或低价出售给员工的股票，员工须持有一定年限后才能出售。员工持股计划让员工成为公司的持股人，可增强员工对公司的认同感、忠诚度和责任心。

3. 按奖金发放时间分

（1）不同周期的奖金。不同周期的奖金包括月度奖、季度奖和年度奖。奖金是企业根据员工或部门每月、每季度、每年的工作表现，以及月度、季度、年度绩效所设置的奖励。年度奖是企业每年年末给予员工的不封顶的奖励，是对员工一年工作业绩的肯定。

（2）不同频率的奖金。根据一定时期内（一般指一个经济核算年度）发奖频率的不同，可以分为经常性奖金和一次性奖金。前者是指按照预定的时期，对日常生产、工作中超额完成任务或取得优良成绩的员

---

[1] https://stock.10jqka.com.cn/20240425/c657303609.shtml

工给予的例行奖金；后者是对做出特殊贡献的员工进行不定期奖励。

4．其他分类依据

（1）按奖金的来源，可以将奖金分为由工资基金中支付的奖金和非工资基金中支付的奖金。

（2）按奖励条件，奖金可以分为综合奖和单项奖。综合奖以多项考核指标作为计奖条件，是对员工的劳动贡献以及生产、工作成绩等各个方面进行的全面评价，如优秀员工奖。单项奖是企业以生产、工作中的某一项指标或项目作为计奖条件，如质量奖、超产奖、节约奖、新产品奖等。

5．常见的奖金名目

奖金的具体分类和形式多种多样、互相补充，从不同方面对员工的行为进行正确的引导。常见的奖金名目见表3-1。

表 3-1　常见的奖金名目

名目	描述说明	目的
全勤奖	以员工每月出勤状况来分配奖金	加强公司日常管理，鼓励员工出全勤，积极参与公司工作，提高工作效率
超额奖	以一个月为周期设定目标，超出目标者给予一定数额的奖金，未达目标的不给	奖励员工超额劳动，鼓励员工提高劳动的有效性或劳动强度，充分发挥其生产能力
节约奖	鼓励员工增产的同时节约资源，降低产品成本，让员工尽可能地在企业规定的消耗定额标准以下完成工作任务	减少劳动损耗，相对增加企业和社会财富

（续表）

名目	描述说明	目的
安全奖	鼓励员工安全生产和劳动，通过避免事故发生来减少社会财富的损失	保障员工生命财产安全，以利于员工发挥工作的积极性
发明创造奖	鼓励员工发明创造，鼓励技术革新，改进设备，使人力资源得到有效利用	提高员工的技术水平，提高员工的劳动效率和工作热情

3.2.4　奖金管理的原则

1. 合理原则

发放奖金是为提升绩效、实现企业战略目标而服务的。企业应根据自身经营、工作的需要确定奖金名目。比如，对企业来说，如果产品质量是生产的关键，那么可以设立产品质量奖，并根据企业内部各部门情况及员工工作的特点设置奖励条件。再如，某企业将生产部门的奖励指标设置为产品产量、利润、投入产出比、成本节约等项目，将营销部门的奖励指标设置为销售额、销售计划完成率、货款回收率、产品的市场占有率等。

合理可行、难度适中的奖金发放标准，能够得到员工的认可；反之，可能会挫伤员工的积极性。

2. 公平原则

奖金发放标准要客观、公正，要提高奖金分配的透明度，要让员工充分了解奖金类型，了解如何才能获得奖金、奖金怎样发放等。否则会影响奖金激励的实际效果，不利于员工关系和谐以及企业稳定。

3. 广泛且差异性原则

广泛原则指设计奖金时，要考虑如何调动全员的积极性。但是分配奖金时要甄别优劣、适当拉开档次，只有做到按劳分配才能使员工不断改进自己的工作。根据差异性原则设置奖金有助于企业获取并保留优秀员工。

3.2.5　奖金分配方案制定的关键步骤

1. 确定奖金总额

奖金总额指的是企事业单位所发放的各种奖金的总额。奖金总额应与员工超额劳动创造的经济效益保持合理比例，一般而言，个人奖金额度可以控制在人均收入的 20%~50%。比例过低，起不到激励的作用；比例过高，又改变了奖金作为薪酬补充形式的性质，此外，过高的奖金总额意味着风险增加，可能会影响企业的发展。

常见的奖金总额的确定方式有五种：按企业超额利润的一定百分比确定奖金总额，按产量确定奖金总额，按销售量确定奖金总额，按成本节约量确定奖金总额，以附加价值（净产值）为基准确定奖金总额，等等，见表 3-2。

表 3-2　常见的奖金总额的确定方式

奖金总额确定的方式	公式
根据企业超额利润的一定百分比确定奖金总额	本期新增奖金总额 =（本期实际利润 − 上期利润或计划利润）× 超额利润奖金系数
根据企业实际生产（或销售）总量和实际支付的人工成本两方面因素确定奖金总额	奖金总额 = 生产（或销售）总量 × 标准人工成本费用 − 实际支付工资总额
根据企业年度产量（销售量、销售额）的超额程度确定奖金总额	年度奖金总额 =（年度实现销售额 − 年度目标销售额）× 计奖比例

（续表）

奖金总额确定的方式	公式
根据成本节约额的一定比例确定奖金总额	奖金总额 = 成本节约额 × 计奖比例
以附加价值（净产值）为基准确定奖金总额	奖金总额 = 附加价值 × 标准劳动分配率 − 实际支付工资总额

2. 分析并确定计奖单位

计奖单位指按照不同劳动特点划分的独立考核并计发奖金的部门或组织，如研发部、生产部、质检部、销售部、综合办、人力资源管理部等。处于不同计奖单位的员工，其奖金的计算方法也会不同。计奖单位又根据是否有直接的、非常明确且易于考核的计奖项目和条件，分为独立计奖单位、参照计奖单位和平均计奖单位。独立计奖单位是指企业或用人单位中，对奖励进行独立计算和分配的单位。参照计奖单位指的是从事服务、辅助性质工作的部门，这些部门的超额劳动需要以被服务部门的业绩为基础，一般以被服务部门的加权平均奖金为参照依据。平均计奖单位是指劳动成果不能准确计量的部门，如总经理办公室，其奖金一般把企业的平均奖作为参照依据。

3. 计算个人奖金额

公司绩效、部门绩效、部门重要性、岗位绩效、岗位重要性及个人在职时间等因素决定了个人奖金额的有无和多少。计算个人奖金金额的方法主要有如下四种。

（1）系数法。系数法只考虑岗位的重要程度，而不考虑员工所属部门、在职时间等情况，只是根据岗位贡献的大小确定岗位奖金系数，最后根据个人完成任务情况，按计奖系数进行分配。系数法可以应用于计算企业管理人员个人奖金。

个人奖金额 =［企业奖金总额 / ∑（岗位人数 × 岗位系数）］×个人岗位计奖系数

（2）计分法。计分法是对各项奖励条件规定了最高分数，有定额要求的员工按照超额完成情况评分，无定额要求的员工按照实际任务完成的情况评分，最后按照奖金总分求出每位员工奖金的分值。这种方法只考虑岗位绩效，不考虑在职时间、部门等因素。计分法可以应用于计算一线生产人员个人奖金。

个人奖金额 =（企业奖金总额 / 考核总得分）× 个人考核得分

（3）系数 – 计分法。由于系数法和计分法都存在各自的弊端，可能造成奖金分配不公平的情况，所以可以将系数法和计分法相结合，基于岗位价值和个人绩效的差异，先用系数法算出员工个人的奖金基数，再乘以员工岗位绩效系数。

（4）效率奖金制。效率奖金制的特点是按员工的工作效率分别给予其不同的奖励，以鼓励员工更加努力地工作。

工作效率在 66% 以下时：E=TR

工作效率在 66%~100% 时：E=TR+PTR

工作效率超过 100% 时：E=eTR+PTR

式中，E 为员工工作所得总工资，T 为实际工作时间，R 为每小时工资率，e 为工作效率，P 为奖金率。

4. 选择奖金发放时机

为了达到最佳激励效果，奖金的发放时机应考虑员工的心理和激励原理。如果是年终奖，可以在每年的 12 月底发放，以奖励员工一年来的贡献；如果是月度或者季度奖金，则需要按照实际情况准时发放；如果是不固定的奖金，需遵循及时奖励的原则。一般来说，员工创造超额劳动价值并被确认后，奖金兑现得越及时、兑现率越高，激励效果就越好，反之则越差。

因此，企业要建立规范的奖励运行制度，凡符合奖励条件的，要及时实施奖励，及时兑现，否则会影响激励效果。此外，有些企业会选择在节假日前，如在元旦前或春节前发奖金，可以在一定程度上增加员工买年货的可支配收入，从而增加员工的满意度。

3.2.6 年终奖的发放

1. 方案可行性分析

制定年终奖方案时要进行方案可行性分析，主要涉及以下几个方面。

（1）企业的支付能力决定年终奖数额的多少。企业需要结合当年和上一年度的年终奖总额、总人工成本、人工成本占产值或销售额的比例等数值，估算公司当年支付年终奖的能力。

（2）在一般情况下，当年的人均年终奖数额不会低于上一年度。如果当年效益差，需要下调人均年终奖数额时，则要考虑下调幅度要控制在员工可以接受的范围内。

（3）要考虑各部门和各职级的年终奖数额在总额中的占比是否合理，要考虑部门之间的人均奖金额差距是否合理，要考虑是否向重要岗位适当倾斜。

（4）需要明确年终奖是全员都适用的还是针对不同员工有不一样的方案。例如，发放原则如表3-3所示。再如，出勤率不良、表现不好或者有违纪行为的员工年终奖不予以发放或者按比例打折发放等。

表 3-3　年终奖发放标准示例

入职时间	入职不满 6 个月	入职 6~12 个月	入职 12 个月及以上
发放标准	不发放	按比例发放	全额发放

（5）年终奖一般在春节前发放。如果来不及发放，也可以考虑在春节前预发一部分，假期结束后再次结算，并实行多退少补。如果企业考虑资金周转和控制人员流动的问题，也可以选择在其他时段灵活发放年终奖。

（6）企业要考虑不发年终奖的情况。比如，效益不好或者因突发事件而取消当年的年终奖，在这种情况下，企业的管理者需要慎重决定，以免员工产生不满情绪。

拓展阅读

关于"离职不付"年终奖问题的处理情形

《人民法院报》2024 年 4 月 25 日的一篇《劳动合同中"离职不付"条款的司法规制》文章中指出，劳动合同中若无年终奖的约定，用人单位的规章制度中亦无年终奖的规定，但用人单位每年均发放一定金额的年终奖，性质上应属用人单位自愿支付给劳动者的一种福利，是否发放以及如何发放，由用人单位根据其经济效益、管理需要、劳动者的具体表现等方面酌情确定，属于用人单位自主经营范围的范畴，司法不宜动辄干涉。无论劳动者因何种原因离职，用人单位均可援引"离职不付"条款拒绝支付年终奖。

此外，年终奖是结合单位全年效益以及员工工作业绩最终确定的待遇。因此，在一个自然年度内，如果员工工作未到 12 月 31 日即离职的，用人单位可以不予发放年终奖。如果年终奖的性质为年薪中的年终发放工资部分，即使员工年度期间内离职的，单位仍应当支付已工作期间的相应部分。

资料来源：http://rmfyb.chinacourt.org/content/202404/25/article_925652_1390225839_5425037.html

http://www.hdfx.gov.cn/xwzx/bmdt/202201/t20220112_1528952.html

2. 发放形式

（1）按月工资的倍数发。按月工资倍数计算年终奖时，涉及基数和系数，即年终奖标准＝发放基数 × 系数。年终奖的发放基数可以是月工资或月基本工资，发放系数视当年的企业效益和市场行情而定。企业人力资源部需要事先明确年终奖总额、人均年终奖数额等关键数据的合理性、可行性后，再确定基数和系数。

（2）年度绩效奖金，即根据员工的绩效考核结果给予的一次性奖励。绩效奖金的基数要根据企业效益情况确定，综合考虑市场环境，要使其具有一定的外部竞争性。要综合评价员工的岗位价值、能力、行为表现等，再确定系数。另外，还可以结合组织、部门的贡献和绩效综合设计奖金分配系统。

（3）发放红包。有的公司并未制定比较规范的年终奖发放标准，年终奖是老板直接或授权部门主管发放的红包，奖金数额一般视员工的岗位职级而定。企业发放的红包一般从企业的税后利润中提取，是经过公司财务处理后的税后奖金。根据《中华人民共和国个人所得税法》第六条规定，领取红包的员工需缴纳个人所得税，或作为工资来征税，或作为偶然所得来征税，由发放单位代付代缴。

（4）补发约定的年薪差额。部分民企在人才引进时，可能会出现应聘者的年收入高于内部其他员工年收入的情况，则会采取年薪差额的方式为其补发年薪。例如，某企业与新入职的部门经理约定其年薪为12万元，平时的月工资和公司其他的部门经理一样，按税前7000元每月发放，因此而产生剩余的年薪差额作为年终奖在年底发放。

（5）销售人员奖金提成结算。一般来说，销售人员的年终奖应该以其在年初签订的各种考核方案为依据，并在年底集中结算。即：

$$提成 = 基数（一般为合同额或销售额）× 提成比例$$

（6）股权分红。上市公司、未上市的股份制公司的年终奖还包括股权分红。分红事先有分配规则，可以进行明确计算，即：

$$分红总额 = 每股分红金额 × 总股数$$

$$个人分红 = 每股分红金额 × 对应股数 ×（1-税率）$$

例如：某上市公司董事会讨论决定，当年分红的规则定为税前 0.5 元每股。公司总股份 2000 万股，则分红总额 =0.5×2000=1000（万元）。某部门经理所持股份为 3 万股，应扣税 20%，则其税后到账的分红 =0.5×3×（1-20%）=1.2（万元）。

3.2.7　加班费设计

《劳动法》第四十四条规定，安排劳动者延长工作时间的，支付不低于工资的百分之一百五十的工资报酬；休息日安排劳动者工作又不能安排补休的，支付不低于工资的百分之二百的工资报酬；法定休假日安排劳动者工作的，支付不低于工资的百分之三百的工资报酬。但是并非所有劳动者都享受法定节假日加班工资。我国工时制分为标准工时制、综合计算工时制、不定时工时制，如果用人单位使用的是标准工时制和综合计算工时制，则用人单位安排劳动者在法定节假日工作的，应当支付百分之三百的工资报酬。根据《工资支付暂行规定》第十三条规定，经劳动行政部门批准实行综合计算工时工作制的，其综合计算工作时间超过法定标准工作时间的部分，应视为延长工作时间，并应按本规定支付劳动者延长工作时间的工资。实行不定时工时制度的劳动者，不执行上述规定。

3.3 福利设计

员工福利的基本功能是给予员工保障，消除员工的后顾之忧，使员工安心工作。有吸引力的福利可以降低员工的流动，防止员工频繁地跳槽，还可以提升员工的绩效和凝聚力，激发员工的工作热情。

3.3.1 福利的类型

在通常情况下，福利可以分为以下九种类型，如表 3-4 所示。

表 3-4　福利的类型

序号	福利类型	内容
1	健康计划	医疗顾问、预防保健服务、健康检查、健康教练、心理健康计划等
2	保险计划	社会保险、商业保险等
3	财务计划	员工持股计划、期权等
4	家庭计划	儿童看护帮助、老人护理服务、家人医疗保健、配偶和子女享受折扣等
5	假期计划	年假、带薪休假、丧假、病假、产假等
6	奖励计划	绩效奖金、服务贡献奖等
7	教育计划	学费报销、在线课程等
8	日常计划	食堂、健身房、通勤支出、住宿安排、免费停车场等
9	特殊计划	与本企业相关的折扣优惠以及金融产品等

美世达信员工福利 2023 年 9 月发布了《2023 年中国企业员工福利全景调研报告》，该报告在调查员工认为必要的福利类型中，将福利分

为健康保健类福利、假期类福利、财富累积类福利以及体验类福利。见图 3-1 所示。

健康保健类福利	假期类福利
○ 基础风险保障类 (人身险、意外险、重疾险等) 福利 ○ 全面的体检计划 ○ 补充医疗保险 ○ 家属福利 ○ 健康管理服务 (如就医绿色通道、线上问诊)	○ 补充年假 ○ 全薪病假 ○ 特色假期，如公司成立周年假
财富累积类福利	**体验类福利**
○ 补充住房福利 ○ 补充养老福利 ○ 餐补、交通补贴	○ 节日实体礼品 ○ 兴趣、交友或家庭活动 ○ 团建、培训发展类福利 ○ 体验式福利 (如下午茶、瑜伽活动)

图 3-1　美世达信员工福利调研中的福利类型

3.3.2　弹性福利计划

弹性福利又称"菜单式福利"，是指企业确定每个员工的福利额度，由员工在企业提供的福利菜单中选择适合自己的福利。弹性福利的出现，在很大程度上缓解了企业成本管理和员工满意度之间的矛盾。对员工而言，差别化的弹性福利以及多样化的福利项目可以在一定程度上满足员工的个性化需求；弹性福利由员工自主选择需要的福利，因此可以提升员工对福利的满意度；员工获得的福利额度与工龄、职位、资历、绩效等因素息息相关，员工在完成高绩效工作后，可获得企业的认可和奖励，从而提高工作积极性。

对企业来说，将有限的资源集中在员工最需要的福利项目上，可以效益最大化地配置福利资源，既能减少企业的福利支出，又能增强福利效用；弹性福利使企业低成本拥有专属的福利体系，有助于提升企业形象，挽留和吸引人才，提高人力资源竞争力；弹性福利还能够提高员工的工作热情与工作效率。

3.3.3 弹性福利方案设计的内容

1. 调查员工的福利需求

调查员工福利需求一般采用问卷（见表3-5）和访谈的形式。问卷内容设计包括受访人群的个人特征类问题，以便于统计分析不同特征群体的福利需求，还包括封闭性问题以供选择，并在问卷结尾建议设置几道主观开放性问题，比如："您还希望企业提供哪些福利项目？"这样，员工可以更全面地表达自己的需求和想法。对于特殊群体或员工提出的特殊福利需求，企业可以进行访谈，进一步了解真实情况。

表3-5　福利需求调查问卷示例

福利需求调查问卷
1. 性别 　□男　□女
2. 年龄阶段 　□ 20–25 岁　□ 26–30 岁　□ 31–35 岁　□ 36–40 岁　□ 41–45 岁 　□ 46–50 岁　□ 50 岁以上
3. 您目前的婚姻状况 　□已婚　□未婚
4. 您在公司的工作年限 　□ 1 年及以下　□ 1~3 年　□ 4~6 年　□ 7~9 年　□ 10 年以上
5. 您的学历 　□高中及以下　□大专　□本科　□研究生及以上
6. 您的岗位层级 　□基层员工　□基层管理者　□中层管理者　□高层管理者
7. 您了解目前公司提供给员工的福利有哪些吗

（续表）

□非常了解　□了解　□不太了解　□不了解

8. 是否满意当前公司提供的福利项目

□非常满意　□满意　□一般　□不满意　□非常不满意

9. 您认为自己的付出与自己获得的福利相比

□非常满意　□满意　□一般　□不满意　□非常不满意

10. 如果公司采用自助式福利制度，您对公司的满意度是否会提高

□提高很多　□提高一点　□不变　□降低一点　□降低很多

11. 您认为公司现有的福利对员工有明显的激励作用吗

□很不明显　□不明显　□明显　□非常明显

12. 您在工作岗位上是否会感到福利待遇不公平

□从没有　□好像有　□偶尔　□经常

13. 您认为公司现有的福利能否满足您的基本要求

□能满足大部分　□基本满足　□基本满足不了　□完全满足不了

14. 您收到的主要福利类型有

□货币性福利　□实物性福利　□服务性福利　□机会性福利　□其他

15. 您所知道的福利有以下哪几项

□五险一金　□法定节假日　□年终奖　□通讯补贴　□住宿福利

□节日福利　□团建聚餐　□培训性福利　□其他

16. 请您对公司具体福利项目内容进行满意度评价

项目	非常满意	满意	一般	不满意	非常不满意
养老保险					
医疗保险					
失业保险					
工伤保险					
生育保险					
年终奖					
培训性福利					
法定节假日					
节日福利					
住房公积金					
团建					

（续表）

17. 选择您最希望改善的几个方面（多选） 　□提升福利项目的多样化，例如切实性、服务性福利 　□福利内容可以自由选择 　□降低福利享受的标准 　□福利内容与绩效结合 　□改善工作环境 　□增加学习培训类福利 　□其他 18. 您还希望企业提供哪些福利项目

2. 确定弹性福利项目

弹性福利重在体现差异性、个性化。社会保险、公积金等是企业根据国家规定必须为所有员工提供的法定福利，具有强制性和普遍性特点，不能作为弹性福利。企业自主性福利项目才能作为弹性福利的选择。弹性福利项目可以根据企业所在的行业特征进行多样化设计，比如，互联网企业可以设置的福利项目包括：弹性工作时间、培训教育、心理健康咨询、定期健康体检、带薪休假、企业年金等。

3. 计算弹性福利点数

福利点数代表员工的福利水平。福利点数可以根据员工的级别、工作年限、职务、学历、绩效等方面量化计算。福利点数的计算公式为：

$$员工福利点数 = 标准福利点数 \times P \times K + I$$

其中，标准福利点数根据工资级别、工作年限、岗位等级、学历等因素确定。各个等级的工资、年限、岗位、学历都有相对应的福利点数，企业根据员工的具体情况合计各要素的点数。式中，P是员工年度绩效考核浮动系数，企业每月进行绩效考核，根据员工的考核分数确定考核等级，年末，企业汇总员工12个月的考核等级，并将其换算为各等级对应的分值标准，之后根据全年的总分值确定绩效浮动系数；K 是年度经营业绩浮动系数，根据企业营业收入、净利润、发展潜力等因素综合确定，该系数只对达到一定岗位等级的管理者适用，普通员工的系数默认为 1；I 是奖励的福利点数，企业年末时根据某些员工当年的特殊贡献程度或者获得的荣誉对其进行定额计量。

4. 制定弹性福利菜单

对各项福利项目制定福利菜单，并对兑换不同福利项目的点数进行规定。

5. 员工自主选择弹性福利项目

员工根据自己的需求用福利点数兑换弹性福利项目。

 **薪酬调整**

3.4.1　为什么要调整薪酬

薪酬调整受以下因素影响。

（1）政府法律规定。《劳动法》第四十九条中指出，确定和调整最低工资标准应当综合参考多种因素。例如，江苏省从 2024 年 1 月 1 日开始，实施新的最低工资标准，以更好地适应江苏省经济社会的快速增长，并确保劳动者能够满足基本生活需求；辽宁省依据本省经济成长态势及民众生活水平的实际变化，自 2024 年 5 月 1 日起对最低工资进行必要的调整。

（2）劳动力市场薪酬水平。薪酬调整可以考虑市场竞争力。如果企业所在行业或地区的市场薪酬水平有较大提升，为了吸引和留住人才，企业可能需要相应地调整员工的薪酬水平。

（3）行业变动。如果企业所在的行业发生了重大变动，例如技术进步、市场需求变化等，可能需要调整员工的薪酬以适应新的行业趋势和要求。

（4）地区生活水平。生活成本变化会影响员工的实际购买力。如果物价上升，生活成本增加，则员工的购买力会随之降低。为了员工能保持此前的生活水平和薪酬的实际价值，企业可能需要进行薪酬调整。

（5）企业战略目标。如果企业计划扩大市场份额或进入新的业务领域，可能需要调整员工的薪酬以激励员工，支持目标的实现。

（6）人力资源管理手段。一方面，根据员工绩效评估结果调整薪酬，高绩效员工可以获得更高的薪酬增长，以奖励其出色的表现和贡献；另一方面，适当调整薪酬，可以吸引、激励和留住优秀人才，提升组织的绩效和竞争力。

（7）工资集体协商的结果。工会代表职工与企业经营者依法就企业工资分配制度、分配形式、收入水平等事项进行平等协商，实现劳动关系双方共同参与、共同决定劳动者的工资，这是工资正常增长机制和支付保障机制中的重要组成部分。《工资集体协商试行办法》第七条指出，工资集体协商一般包括职工年度平均工资水平及其调整幅度等内容。

薪酬调整可以确保员工的薪酬与其贡献和价值相匹配，能够激励员工为企业的长期成功做出积极贡献；可以确保企业的薪酬水平与市场水平保持一致，从而吸引和留住优秀人才；可以令企业保持竞争力，激励员工并确保内部公平，推动员工的发展和企业业绩的可持续增长。

（8）薪酬预算。薪酬预算是一种定量的控制计划，是企业对一定周期内经营、资本、财务等各方面的收入、支出、现金流的总体计划。进行薪酬预算可确保薪酬成本不超出企业承受能力，并实现对薪酬总额的控制。

3.4.2　薪酬调整的内容

（1）薪酬水平调整。包含整体薪酬水平和个别岗位薪酬水平的调整。调整薪酬水平时不仅要考虑企业整体薪酬水平与劳动力市场上的薪酬水平之间的差距，还要考虑某些紧缺岗位薪酬水平的竞争力。

（2）薪酬结构调整。指的是调整薪酬的各个组成项目，根据企业的不同发展阶段进行相应的薪酬结构调整。

（3）薪酬比例调整。企业的薪酬一般由固定部分和浮动部分组成，薪酬比例调整就是对这两部分所占比例进行重新定位。薪酬比例要根据企业的不同发展阶段进行相应的调整，以适应企业发展的需要，在薪酬比例调整中重新发现员工奖励的最佳平衡点。

（4）薪酬差距调整。由于各岗位员工给企业带来的价值不同，以及员工的技能水平和业绩水平不同，企业不同等级的员工，薪酬水平也存在一定的差距。随着各岗位人员的业绩及技能水平的不断增长，各岗位之间的薪酬差距也应该有相应的调整，以保证员工对薪酬的满意度、对企业的认可和归属感。

（5）薪酬综合调整。薪酬综合调整是指薪酬组成的各个因素均需要采取相应的调整措施，在进行薪酬调整时，既要考虑社会因素的影响，又要考虑企业所处的特殊发展阶段、员工的劳动力市场供应情况及企业内部的公平性问题（见表 3-6）。

表 3-6　员工工资调整表

部门：　　　　　　　　　　　　　　　　　　　　年　　月　　日

职别工号	姓名	本薪		技术津贴		合计		备注
		原工资	按调整	原工资	按调整	原工资	按调整	
合计								

3.4.3　薪酬调整的方式

1. 薪酬普调

薪酬普调主要考虑物价指数、生活成本上涨等因素，既可以按固定金额调薪，如每人每年普调 650 元，也可以按非固定金额调整，一般一年或两年调整一次。

2. 绩效调薪

根据员工的能力、业绩完成情况和调薪额度进行薪酬调整。通常与普调同时调整，重点关注、激励绩优员工。进行绩效调薪时，要确定调整标准和调整比例（见表 3-7）。绩效调薪的频率建议一年进行一次。

表 3-7　绩效调薪的标准和比例

标准	调薪比例建议	岗位系数	员工人数	调节系数
高潜力人才（业绩和能力高于要求）	上浮 10%~15%			
可培养成高潜力人才（业绩和能力达到要求）	按标准调薪比例			
低潜力人才（业绩和能力低于要求）	下浮 10%~15%			

3. 晋升调薪

员工晋升后需要按照企业相关规则调整薪酬，一般按比例或者档位进行调整。

4. 新员工调薪

新员工调薪包括试用期结束和入职满一年的调薪。《中华人民共和国劳动合同法》第二十条规定，劳动者在试用期的工资不得低于本单位相同岗位最低档工资或者劳动合同约定工资的百分之八十，并不得低于用人单位所在地的最低工资标准。因此在新员工通过试用期后，新员工需要有一次调整薪酬的机会。入职满一年的员工，结合企业的实际情况补充前一次的调薪涨幅，单独给一次薪酬调整的机会。

3.4.4　薪酬调整的方法

调整薪酬水平可通过薪酬冻结、延缓提薪以及控制间接薪酬支出实现。

薪酬冻结是为了增强企业实力，节省下来的资金可用于企业再生产或者开辟新业务。延缓提薪是在符合法律要求的前提下，事先与员工沟通且员工同意的情况下，推迟一段时间后再给应加薪的员工加薪。控制间接薪酬支出，则是指控制或压缩企业的福利费用，避免直接控制工资给员工带来负面影响。

薪酬组成中，既有固定部分，也有浮动部分，企业通过对浮动部分（即可变薪酬支出）的控制来实现对薪酬总额的控制。

 **3.5 薪酬预算管理**

薪酬预算是企业通过对内外部环境的分析，在决策与预测基础上，调配相应的资源，对企业未来一定时期内为员工支付的成本做出一系列具体计划。其中，员工工资总额是薪酬预算的主要组成部分。薪酬预算既是企业制定薪酬标准的基础，也是控制人力成本的依据。

但是很多企业遇到的常见问题有：薪酬预算数额过高，老板不批准；薪酬预算水平过低，薪酬水平缺乏竞争力，既无法起到激励的作用，又会引起员工的不满。薪酬预算管理是通过对企业各项资源的合理分配与管理而建立的企业内部竞争机制。

3.5.1 薪酬预算编制

薪酬预算编制包括三方面：第一，根据企业战略规划和经营计划制定薪酬政策；第二，根据企业经营计划、薪酬政策制定相应的薪酬标准；第三，根据薪酬标准和市场水平，编制年度薪酬预算。编制时要考虑企业的发展战略、经营目标和市场环境等因素。编制薪酬预算时将薪酬预算与人力资源规划结合起来，可以确保薪酬策略与企业的人力需求和发展目标相一致。此外，还要考虑员工的工资总额、不同岗位员工和竞争对手的工资水平。基于以上几点，薪酬预算通常有以下几种方法。

（1）薪酬比率推算法。该方法适用于经营业绩稳定的企业，可以根据其过去的经营业绩，推导出合适的薪酬比率。如果企业经营水平不佳，则需要参考行业一般水平。计算公式为：

$$薪酬总额 = 薪酬比率 \times 销售额$$

（2）盈亏平衡点推算法。盈亏平衡点是企业销售收益恰好弥补其总成本而没有额外盈利的点。

首先，企业要利用盈亏平衡分析法计算出企业销售额的盈亏平衡点。当企业的实际销售额高于盈亏平衡点销售额时，企业就盈利。当企业的实际销售额低于盈亏平衡点销售额时，企业就亏损。

其次，确定企业的安全盈利点销售额。即当企业在达到这个销售额的情况下，不仅能够确保股东的权益，还能够应对企业可能遭受的风险和危机。

因此计算公式为：

$$薪酬总额 = 盈亏平衡点销售额 \times 最高薪酬比率 = 安全盈利点销售额 \times 安全薪酬比率$$

企业应将薪酬比率较为准确地限定在安全薪酬比率和最高薪酬比率之间，即给企业划定安全的薪酬成本底线。

（3）人员编制推算法。这是一种根据企业人员编制和员工的平均薪酬水平来预测薪酬总额的方法。计算公式为：

$$年度薪酬总额预算 = 标准编制 × 平均薪酬水平$$

（4）薪酬成本比重基准法。这是以薪酬成本比重为基准，根据目标企业总成本，推算出合理的薪酬成本总额。但是各行业要素密集度不同，因此，薪酬成本占总成本的比重可能存在较大差异。

3.5.2　薪酬预算周期制管理

2018 年国务院印发的《关于改革国有企业工资决定机制的意见》中提到："对行业周期性特征明显、经济效益年度间波动较大或存在其他特殊情况的企业，工资总额预算可探索按周期进行管理，周期最长不超过三年，周期内的工资总额增长应符合工资与效益联动的要求。"对于一些省属、市属监管企业，比如经济周期性特征明显的企业，其工资总额预算周期可根据经济周期性长短来确定；处于初创期、成长期的企业，可以其生产经营过渡到平稳状态的时间为周期。

第4章

薪酬体系

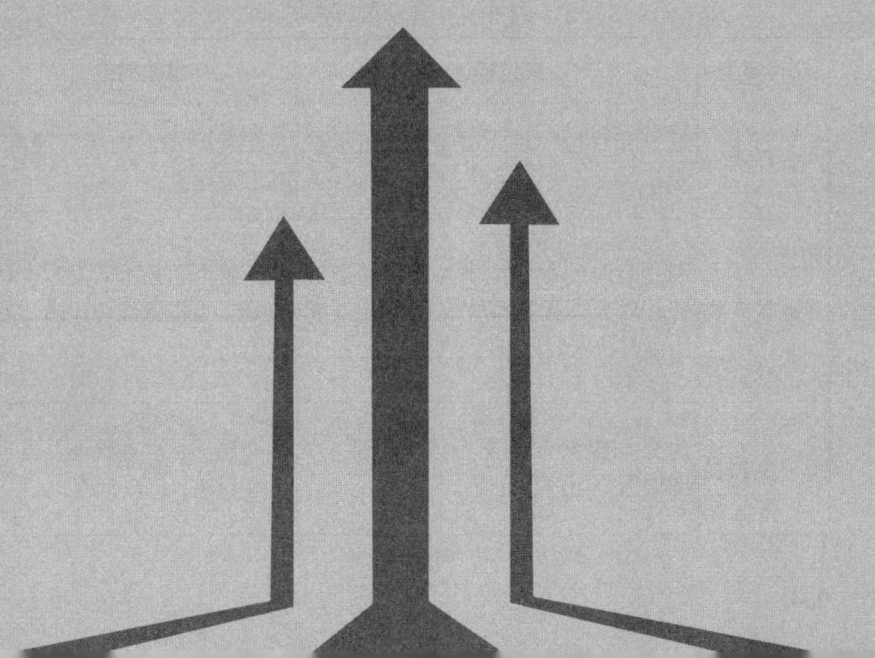

 **岗位薪酬体系**

4.1.1 确定岗位类型

对于企业中的全部岗位，根据不同岗位各自的性质和特点，从横向和纵向两个维度进行划分，从而确定不同的岗位类型和级别。岗位的横向划分，即根据岗位的性质及特征，将岗位划分为若干类别。岗位的纵向划分，即根据每个岗位的难易程度、责任大小、任职条件以及所需知识、技能等因素，将岗位分为一定的级别。

企业内部的工作岗位可以划分为管理类、专业技术类、专业支持类、营销类、操作类等，每个岗位的员工履行各自的职责（见表4-1）。

表4-1　企业岗位类型

岗位类型	岗位描述	具体岗位
管理类	领导和管理；对公司经营决策承担责任	高层管理类、中层管理类、基层管理类
专业技术类	利用自身的专业技术为公司创造价值；对公司生产能力、产品开发能力以及技术领先方面承担责任	生产管理、技术研发、设计策划、工程管理、产品开发创新
专业支持类	为公司提供专业支持或专业服务，间接为公司创造价值	法律顾问、财务管理、人力资源管理、行政管理

（续表）

岗位类型	岗位描述	具体岗位
营销类	面向客户或市场，通过一系列活动直接为公司带来经济收益；对产品品牌、市场占有率和销售情况承担责任；经常面对客户	销售人员、营销人员、客户服务人员、市场部人员
操作类	专业技能类操作	操作工、运输员、安装员

有时，企业也会根据所设置的部门进行岗位分类，如表 4-2 所示。

表 4-2　按部门划分岗位

部门	岗位举例
公司领导	总经理、副总经理、部门经理
商务拓展部	销售总监、经理、副经理
	项目经理、商务代表
广告业务部	经理、副经理
	经理助理、客户主管、客户代表
市场策划部	经理、副经理
	首席策划师、高级策划师、策划师
	高级研究员、平面设计师
技术部	经理、副经理、总工程师
	工程师、助理工程师

（续表）

部门	岗位举例
综合办公室	主任、副主任
	助理、行政人力主管
	行政人力文员、前台文员、司机
财务部	经理、副经理
	主办会计、会计、出纳

4.1.2 岗位评价

1. 岗位评价的目的

岗位评价是对工作的评价，而不是评价谁去做这项工作或谁在做这项工作。

岗位评价的作用为：可以使每一个岗位的薪酬与该岗位对组织的相对贡献相匹配；对性质相同、相近的岗位，制定统一的衡量、评定标准，从而使组织内各个岗位间可客观衡量自身岗位的价值，减少员工因岗位间薪酬存在差别而产生不满与争端；可以建立岗位等级以及与其相适应的工资架构。

2. 岗位评价流程

岗位评价流程见图 4-1。

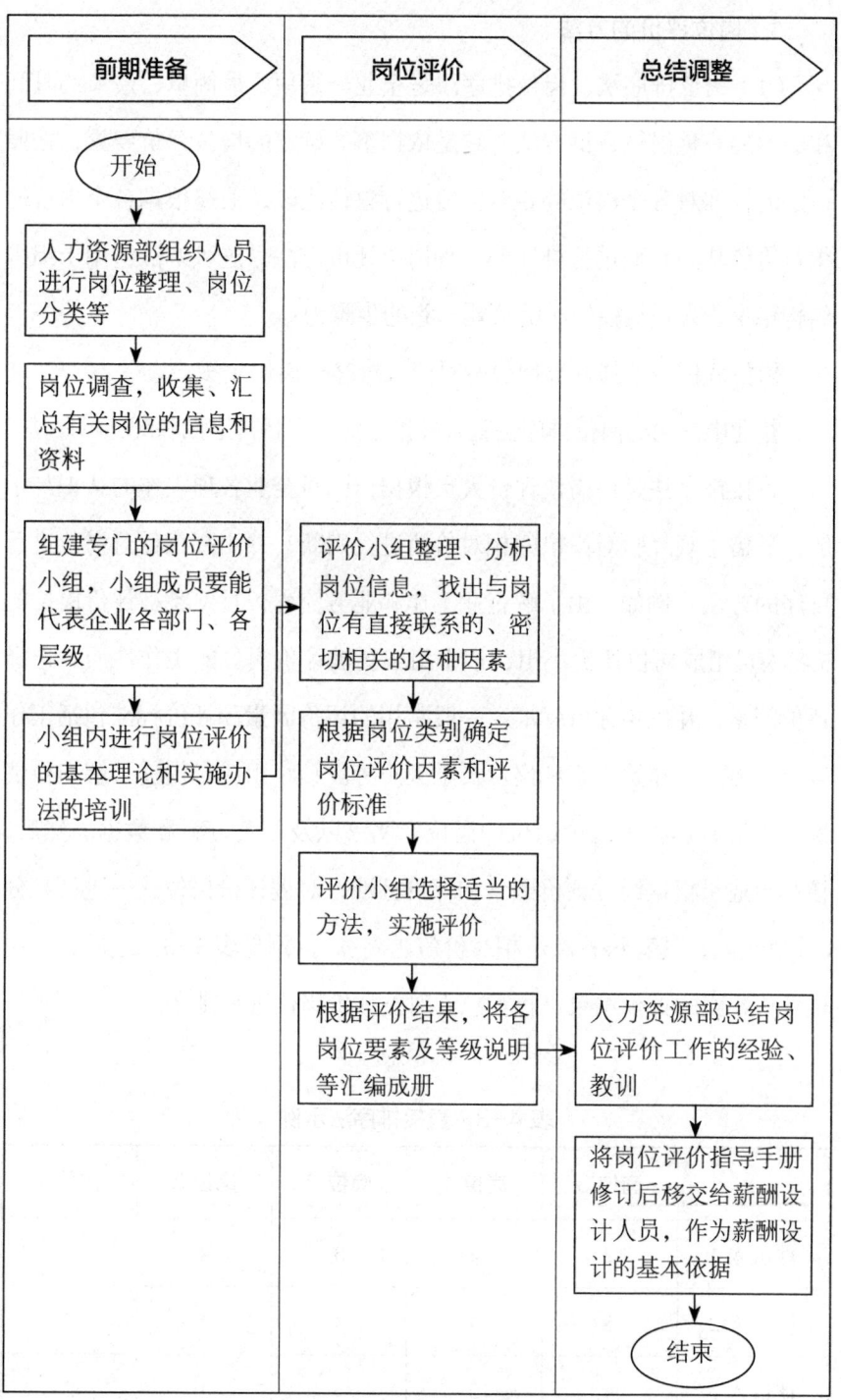

图 4-1 岗位评价流程图

3. 岗位评价的方法

（1）岗位排序法。岗位排序法是企业最常用、最简单、最节约时间和成本的一种岗位评价方法。它是依据事先确定的岗位评价要素，按照一定的标准对各个岗位的相对价值进行整体比较，最终根据各个岗位的相对价值从高到低进行排序的一种岗位评价方法。这种方法适用于组织结构稳定、人员规模较小的公司。它的步骤为：

岗位分析→选择标准岗位→对岗位排序→岗位定级

企业中常用的岗位排序法有直接排序法、交替排序法和配比排序法。

直接排序法是由岗位评价人员根据自己对企业各项工作的认识与了解，凭借主观经验对岗位的相对价值进行判断，并由高至低对岗位进行排序的方法。例如，由了解企业工作和业务流程，且熟悉被评价岗位的5名人员组成岗位评价小组，该小组根据被评价岗位的工作性质，选择评价因素，并确定评价标准。一般常用的评价因素和评价标准包括工作复杂程度、工作量大小和岗位贡献大小等。该小组成员提前了解岗位情况，了解并熟悉被评价岗位的岗位说明书以及相关资料和数据。然后，该小组成员根据岗位评价因素和评价标准，对被评价岗位逐一进行打分（分值越高，就意味着岗位相对价值越高）。示例见表4-3。之后，对岗位评价小组的评价结果进行汇总，对被评价岗位进行排序。

表4-3　直接排序法示例

	岗位3	岗位4	岗位2	岗位5	岗位1
评价人1	2	5	3	4	1
评价人2	5	4	3	1	2
评价人3	4	3	5	1	2

（续表）

	岗位 3	岗位 4	岗位 2	岗位 5	岗位 1
评价人 4	5	1	2	4	3
评价人 5	5	5	1	3	4
合计	21	18	14	13	12

在实际应用中，企业为保证简单排序法的准确性和可靠性，可以要求岗位评价人员对被评价岗位进行多维度评价，常用的评价维度包括：岗位责任、知识、技能、工作量以及工作环境等。如果需要，企业还可以对评价维度中的各项指标进行权重划分。

交替排序法是对所有被评价岗位按照衡量指标依次进行两两选择：最重要岗位和最不重要岗位，次级重要和次级不重要岗位……以此类推，分别编号，最终完成岗位排序。假设某企业有 9 个管理岗位，分别为 A~I。评价人员按照衡量指标从 9 个岗位中选出最重要的和最不重要的岗位，即 C 和 A，分别放置在首位和末位（见表 4-4）。最重要的序号为 1，最不重要的序号为 9。接下来找次级重要和次级不重要的岗位，即 E 和 H 分别放在第二位和倒数第二位；第三重要和第三不重要的为G 和 I，分别放在第三位和倒数第三位。以此类推，将余下的 3 个岗位按照上述方法排列，最终获得所有岗位的排序。

表 4-4　交替排序法示例

岗位	C	E	G	F	B	D	I	H	A
排序序号	1	2	3	4	5	6	7	8	9

配比排序法也称为"两两比较法"，这种方法是先将每个岗位按照评价要素与其他岗位进行一一对比，在表格中，如果在该行中的岗位价值比列在该列中的岗位价值高，则在相应的交叉格中标注"+"，反之则标注"−"。对该行对应岗位的所有"+"进行个数合计，"+"个数越多，意味着岗位价值越高，反之则越低。如表4-5所示。在被评价岗位数量不多时，配比排序法简便易行。如果岗位数量过多，成对配比的数量将会非常大。

表4-5　配比排序法示例

岗位	岗位1	岗位2	岗位3	岗位4	岗位5	岗位6	+ 个数
岗位1	0	+	+	+	+	+	5
岗位2	−	0	+	−	+	+	3
岗位3	−	−	0	−	−	+	1
岗位4	−	−	+	0	−	+	2
岗位5	−	+	+	+	0	+	4
岗位6	−	−	−	−	−	0	0

需要说明的是，首先，岗位排序法评价过程是根据评价人员的经验和主观感觉决定的，可能会导致评价结果不准确。其次，由于排序法无法量化区分岗位价值大小和差异大小，因此不能据此确定薪酬的具体等级。最后，排序法需要评价人员对岗位工作有足够详尽的了解，因此选择岗位评价人员的难度较大。

（2）分类法。分类法是将企业的所有岗位根据工作内容、工作职责、任职资格等方面的不同要求，分为管理工作类、事务工作类、技术工作类及营销工作类等类别，然后针对每一类别确定其岗位价值的范围，并且对同一类岗位进行排序，从而确定每个岗位不同的岗位价值（见表 4-6）。分类法的实施步骤为：

岗位分析→岗位分类→建立等级结构和等级标准→岗位测评和归入相应等级

表 4-6 某公司管理类岗位分类标准

职级	岗位	分类描述
5	高级经理级	全面负责公司的战略规划和运营管理，对公司整体业绩负责
4	经理级	全面负责公司的某项业务或职能
3	主管级	带领团队完成特定的任务，包括组织招聘、绩效考核、市场调研等
2	专员级	处理日常事务，包括财务报销、文件处理、数据处理等
1	助理级	协助上级处理日常事务，包括文件整理、会议组织、行程安排等

（3）因素比较法。因素比较法是岗位排序法改进后的一种方法。设定多种报酬因素，如劳动责任、劳动技能、劳动强度和劳动环境等，并按照各种因素分别进行排序（见表 4-7、表 4-8、表 4-9）。因素比较法是根据每种报酬因素对岗位评价得到结果后，设置一个具体的报酬金额，然后计算出每种岗位基于各种报酬因素的报酬总额，并将其作为该岗位的薪酬水平。它的实施步骤为：

选择标准岗位→按选定的因素排列标准岗位→按选定因素确定标准岗位工资额→对其他岗位进行排序

表4-7 （生产类）岗位评价因素比较法示例

要素类别	具体要素	描述
劳动责任要素	质量责任	岗位对产品的质量承担的责任大小
	产量责任	岗位对产品的产量承担的责任大小
	消耗责任	岗位上物质消耗对经营成本的影响程度以及承担的责任
	安全责任	岗位对整个工作过程安全生产承担的责任
	管理责任	岗位在指导、协调、分配、考核等管理工作方面的责任大小
	看管责任	岗位对看管的设备承担的责任
劳动技能要素	技术知识要求	岗位对知识文化水平和技术等级的要求
	操作复杂程度	岗位作业的复杂程度以及掌握操作所需时间的长短
	看管设备复杂程度	岗位使用的生产设备的复杂程度及看管设备所需的经验和技术知识
	品质、质量控制的难易程度	岗位在产品规格和质量标准方面对技能水平的要求
	处理、预防事故复杂程度	岗位能迅速处理和预防易发事故应具备的能力水平
劳动强度要素	体力劳动强度	劳动者体力消耗的程度
	工时利用率	净劳动时间的长短
	劳动姿势	劳动姿势对身体疲劳的影响程度
	劳动紧张程度	岗位工作对劳动者生理和心理方面造成的紧张程度
	工作班制	工作安排对劳动者身体的影响

（续表）

要素类别	具体要素	描述
劳动环境要素	温度	工作场所的温度（高温、寒冷）对健康的影响程度
	湿度	工作场所的湿度（潮湿、干燥）对健康的影响程度
	粉尘	工作场所的粉尘（尘埃、烟灰等）对健康的影响程度
	噪声和震动	工作场所的噪声和震动对健康的影响程度
	毒物	工作场所接触毒物（毒气、毒液等）对身体产生的危害及影响程度

表4-8 常见职业体力劳动强度分级表

体力劳动强度分级	职业描述
I（轻劳动）	坐姿：手工作业或腿的轻度活动（在正常情况下，如打字、缝纫、脚踏开关等）；立姿：操作仪器，控制、查看设备，上臂用力为主的装配工作
II（中等劳动）	手和臂持续动作（如锯木头等）；臂和腿的工作（如卡车、拖拉机或建筑设备等非运输操作等）；臂和躯干的工作（如锻造、风动工具操作、粉刷、间断搬运中等重物、除草、锄田、摘水果和蔬菜等）
III（重劳动）	臂和躯干负荷工作（如搬重物、铲、锤锻、锯刨或凿硬木、割草、挖掘等）
IV（极重劳动）	大强度的挖掘、搬运，快到极限节律的极强活动

（资料来源：《工作场所有害因素职业接触限值物理因素》http://wjw.sz.gov.cn/attachment/0/746/746337/8514918.pdf?eqid=c47c7868004acbb6000000002642d4839）

表 4-9　机械加工车间岗位因素比较法示例

工作种类	劳动责任	技能要求	劳动强度	劳动环境
焊工	1	1	4	2
起重工	4	3	1	4
冲床工	2	2	3	3
保卫人员	3	4	2	1

（4）要素计点法。要素计点法将岗位分为智力、技能、责任、工作强度及工作条件等五要素，针对每个要素，分别设定若干指标，每个指标有不同的评分等级及对应分值，然后再根据具体岗位的工作内容将不同因素和不同的等级对应起来，等级数值的总和就为该岗位的岗位价值（见表 4-10 至表 4-15）。示例见表 4-16。要素计点法的实施步骤为：

选择并确定影响岗位的因素→因素定义→决定因素等级→确定因素权重与等级配分→岗位调查和岗位评价

表 4-10　智力要素分类、分级、分级定义、点数

细分要素	描述	分级	分级定义	点数
学历	履行工作职责所要求的最低文化水平	一	高中 / 中专	10
		二	大专	30
		三	本科	50
		四	研究生	70

（续表）

细分要素	描述	分级	分级定义	点数
经验	熟练掌握岗位所需要技能的实际工作时间	一	1 年以下	20
		二	1 至 3 年	40
		三	4 至 6 年	60
		四	7 至 9 年	80
		五	10 年以上	100
主动性及创造性	岗位要求的判断、决定、计划、活动能力	一	仅需按照简单的规定行事，具有对简单事项做出决断的能力	15
		二	能够按照若干具体规程行事，具有一般的判断能力和决断能力	30
		三	具有做出一定规划的能力，具有确保工作正常运转和确保服务质量的一般决断能力	45
		四	经常需要对非常规的困难工作进行决断，具有较高的规划能力	60
		五	需要突出的工作能力和高度的规划性，能对涉及面广且复杂的问题进行主动恰当的处理	80

表 4-11　技能要素描述、分级、分级定义、点数

描述	分级	分级定义	点数
岗位对工作者在经营管理、计划、政策水平、分析判断以及专业技术应用等方面应达到水平的相关要求	一	了解工作内容，照章办事，具有完成一般工作的能力	15
	二	了解和初步掌握本岗位工作内容及相关政策规定，具有简单的分析判断能力，能完成一般管理工作	30
	三	熟悉工作内容和政策规定，有一定分析判断能力，能够独立解决、处理工作范围内的问题，能独立承担一般管理工作，能完成一般工作总结报告	45

（续表）

描述	分级	分级定义	点数
	四	熟悉工作内容和政策规定，具有一定的综合分析、独立判断以及解决工作中较为复杂问题的能力，有一定的工作经验和开拓能力，能独立承担工作中较复杂的任务，能撰写一定水平的总结报告	60
	五	有较高的业务水平，有综合、独立判断和处理工作中复杂问题的能力，受过系统的培训，有较丰富的工作经验，具有较强的开拓能力，能够独立主持或组织完成重大任务，能够撰写较高水平的总结报告	75
	六	具有解决重大、疑难问题和全面主持工作的组织能力，受过全面系统的培训，有丰富的工作经验，具有很强的开拓能力，能独立承担重点任务，有较强的综合分析和独创能力	90

表 4-12　责任要素描述、分级、分级定义、点数

细分要素	描述	分级	分级定义	点数
经营效益责任	工作失误或不达标，造成直接和间接经济损失	一	影响较小	30
		二	影响不大	60
		三	影响较大	90
		四	影响很大	120
		五	影响巨大	150
对他人管理的责任	在正常权限范围内对他人工作进行监督、指导、帮助	一	无职务，只对自己的工作负责	15
		二	（副）主管，并负有指导他人工作的责任	30
		三	部门副职，负有中等指导监督责任	45
		四	部门正职领导，负有中等以上指导监督责任	60
		五	公司高层副职，负有重要领导监督责任	75
		六	公司高层正职，负有全面领导监督责任	90

（续表）

细分要素	描述	分级	分级定义	点数
开拓发展责任	在新产品开发、市场拓展、管理创新等方面承担的责任	一	负有较小责任	10
		二	负有一定责任	20
		三	负有较大责任	30
		四	负有重要责任	40
		五	负有全面责任	50

表 4-13　工作强度要素描述、分级、分级定义、点数

细分要素	描述	分级	分级定义	点数
脑力强度	工作时需要的思想集中程度	一	工作节奏可以自由调节和掌握，需要较少的脑力	20
		二	需要集中脑力	40
		三	需要经常保持思想集中和运用脑力	60
		四	需要持续地使用脑力	80
		五	需要高强度的脑力思考，并具有远见性和计划性	100
心理压力	工作对任职者造成的心理紧张程度和心理压力	一	工作单一，不需要或很少做出决定，工作常规化	10
		二	工作较单一，很少做出决定，工作节奏有一定要求	20
		三	工作有较快节奏的要求，需要做出一些决定，需要处理一些紧急事宜	30
		四	工作任务多样，较为繁重，要求经常迅速做出决定，上下班时间难以正常实现，经常需要处理一些非常规问题	40
		五	需要经常地、迅速地做出决定，工作很繁杂、繁重，很紧张，工作时间外仍要继续考虑深层次的问题	50

（续表）

细分要素	描述	分级	分级定义	点数
工作负荷率	完成工作需要的纯劳动时间占制度工作时间的比率	一	工作负荷率 60% 以下	10
		二	工作负荷率 61%~70%	20
		三	工作负荷率 71%~80%	30
		四	工作负荷率 81%~90%	40
		五	工作负荷率 91% 以上，甚至需要经常加班加点	50

表 4-14　工作条件要素描述、分级、分级定义、点数

具体要素	描述	分级	分级定义	点数
工作场所	工作区域的环境情况	一	工作场所固定，没有污染，工作环境好	15
		二	工作场所不固定，经常出差	30
潜在危险性	工作中可能遇到的人身危险	一	没有潜在的危险性	5
		二	危险性较少	10
		三	危险性较大	15

　　岗位总点数是衡量每一岗位在组织中的相对位置或相对价值的依据。岗位评价总点数 = Σ（各因素总点数 × 权重），表 4-15 中岗位评价的总点数为 $230 \times 25\% + 90 \times 30\% + 290 \times 30\% + 200 \times 10\% + 45 \times 5\% = 193.75$。评价结果作为岗位技能工资的基础。

表 4-15　岗位评价要素、权重、细分要素分级及配点表

要素	配点	权重（%）	细分要素	一	二	三	四	五	六
工作智力	230	25	学历	10	30	50	70		
			经验	15	30	45	60	80	
			主动性、创造性	15	30	45	60	80	
工作技能	90	30	技能水平	15	30	45	60	75	90
工作责任	290	30	经营效益责任	30	60	90	120	150	
			对他人的管理责任	15	30	45	60	75	90
			开拓发展责任	10	20	30	40	50	
工作强度	200	10	脑力强度	20	40	60	80	100	
			心理压力	10	20	30	40	50	
			工作负荷	10	20	30	40	50	
工作条件	45	5	工作场所	15	30				
			潜在危险性	5	10	15			

表 4-16　办公室主任要素计点法示例

要素	细分要素	等级	点数
工作智力	学历	五	25
	知识	三	22
	经验	六	36

（续表）

要素	细分要素	等级	点数
工作技能	综合能力	四	50
工作责任	风险控制	四	20
	成本控制	二	15
	组织	四	30
	协调	三	30
	沟通	四	24
	工作结果	二	20
	法律责任	三	54
	决策	五	30
劳动强度	工作压力	四	40
	精力集中度	四	32
	体力	三	10
	紧张程度	四	40
工作条件	工作时间	四	30
	危险性	三	30
	职业病	一	5
	舒适性	二	10
合计			553

（5）28因素法。28因素法是一种要素计点法，包括岗位责任因素、知识技能因素、岗位性质因素和工作环境因素这四大类因素和28个细分因素（见表4-17、表4-18、表4-19、表4-20），并对每一个因素

赋予一定分值。在一般情况下，四大类因素总分设定为 1000 分，其中，岗位责任因素 375 分，知识技能因素 375 分，岗位性质因素 200 分，工作环境因素 50 分。在一般情况下，四大类因素总分分值不做调整，但是各细分因素可在总分范围内分配分数。进行评价时，先按预先规定的衡量标准，对现有岗位的各个因素逐一评分，再对岗位评价小组成员各自所打分值进行统计，得到各岗位的总分值。分值越高则意味着该岗位对应的薪酬越多。

该方法基于以下假设：岗位所承担的责任和风险越大，对企业整体目标的贡献和影响就越大；岗位所需要的知识和技能越多、要求越高，工作难度就越大，复杂程度越高；工作环境越恶劣，评价分值就应该越高，岗位薪酬也越多。

表 4-17　岗位责任因素示例

大类因素	大类因素说明	细分因素
岗位责任因素	指对岗位承担的责任、工作的重要性进行综合评估	风险控制的责任
		成本控制的责任
		指导监督的责任
		内部协调的责任
		外部协调的责任
		工作结果的责任
		组织的责任
		法律的责任
		决策的层次

表4-18 知识技能因素示例

大类因素	大类因素说明	细分因素
知识技能因素	对岗位任职者必须具备的知识和技能进行综合评估	最匹配学历要求
		知识的多样性
		工作的复杂性
		工作经验
		工作的灵活性
		语言应用能力
		数学或计算机知识
		专业技术和知识、技能
		管理知识和技能
		综合能力

表4-19 岗位性质因素示例

大类因素	大类因素说明	细分因素
岗位性质因素	对岗位工作性质进行综合评估	工作压力
		脑力辛苦程度
		工作地点的稳定性
		创新与开拓
		工作的紧张程度
		工作的均衡性
		工作时间特征

表 4-20　工作环境因素示例

大类因素	大类因素说明	细分因素
工作环境因素	对岗位工作环境对任职者造成的影响进行综合评估	职业病
		危险性

在正式进行岗位评价前，应先对标杆岗位进行试打分。标杆岗位一般是企业中各层面有代表性的岗位，最好能分布到各岗位序列和岗位层级，一般选择非常重要、比较重要、不很重要的中层和基层管理岗位以及典型技术岗位各一个。对标杆岗位进行试打分，计算其相对标准差、平均值，从而判断分值设置是否合理，评价小组成员的理解是否统一。相对标准差指各因素评分的标准差与平均分值的比值，根据经验数据，相对标准差一般不应超过 30%。如果相对标准差超过 30%，该项因素就应该重新打分。平均值指评价小组给出的、各标杆岗位的评分统计结果，一般去掉一个最大值，去掉一个最小值。如果评价小组半数以上成员认为标杆岗位的评分结果不够合理，则应对该岗位的部分因素甚至全部因素重新打分。这时，对这个岗位比较了解的小组成员应充分发表意见，纠正不正确的认识，之后进行重新评价。重新评价可以超过两次，直到取得一致意见。试评没有问题之后，进入正式评价，一般以部门为单位进行，每个部门、每个岗位依次进行岗位评价。

（6）海氏评价法。海氏评价法是一种定量岗位评价法，该方法认为所有岗位之间都存在"输入—过程—输出"这种内在逻辑关系，并将付酬要素确定为知识技能水平、解决问题的能力和岗位责任，并认为其在任何岗位都具有普遍适用性（见图 4-2）。

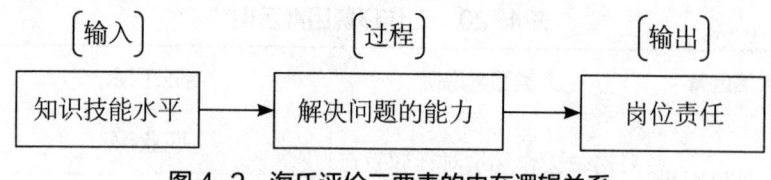

图4-2 海氏评价三要素的内在逻辑关系

海氏评价法有三个评价参照表，分别是：知识技能水平量表、解决问题的能力量表和岗位责任量表。首先，用海氏评价标准对照岗位说明书或其他有关的岗位资料分析每个岗位；其次，在三个量表中选出各个要素所对应的等级和分值；最后，根据公式计算各个岗位的相对价值（见表4-21、表4-22、表4-23）。

表4-21 知识技能水平示例

一级因素	二级因素	等级
知识技能水平	专业知识能力	基本的、初等业务的、中等业务的、高等业务的、基本专门技术的、熟练专门技术的、精通专门技术的、权威专门技术的
	管理诀窍	起码的、相关的、多样的、广博的、全面的
	人际技能	基本的、重要的、关键的

表4-22 解决问题的能力示例

一级因素	二级因素	等级
解决问题的能力	思维环境	高度常规的、常规性的、半常规性的、标准化的、明确规定的、广泛规定的、一般规定的、抽象规定的
	思维难度	重复性的、模式化的、中间型的、适应性的、无先例的

表 4-23 岗位责任示例

一级因素	二级因素	等级
岗位责任	行动自由度	有规定的、受控制的、标准化的、一般性规范的、有指导的、有方向性指导的、广泛性指导的、战略性指导的、一般性无指导的
	对最终结果的作用	间接：后勤、辅助；直接：分摊、主要
	对最终结果的经济性影响	微小、少量、中级、大量

海氏评价法依据知识技能水平、解决问题的能力以及岗位责任的不同要求，把岗位分成下山型、平路型和上山型等三种类型（见图 4-3），并分配相应权重，α%+β%=100%。当某个岗位所需的知识技能水平及解决问题的能力大于岗位责任时，该岗位为下山型岗位，则 α=70，β=30，如技术研发人员等；当某个岗位所需的知识技能水平及解决问题的能力等于岗位责任时，该岗位为平路型岗位，则 α=50，β=50，如人力资源经理等；当某个岗位所需的知识技能水平及解决问题的能力小于岗位责任时，该岗位为上山型岗位，则 α=40，β=60，如销售总监等。

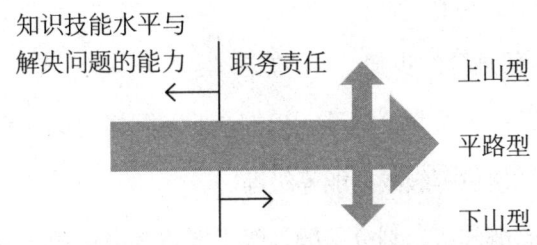

图 4-3 海氏评价法中的岗位类型图

应用海氏评价法时，岗位评价分数的计算公式为：

岗位评价得分＝α 值 × 认知水平得分 A × （1+ 解决问题能力得分 B）+ β 值 × 应负责任得分 C

4.1.3 薪酬等级划分

1. 薪酬等级与薪酬等级管理

薪酬等级是在岗位价值评估结果基础上建立起来的，将岗位价值相近的岗位归入同一个管理等级，并采取一致的管理方法处理该等级内的薪酬管理问题。薪酬等级制度在一定程度上能够反映出员工之间工作质量的差别，具有相对稳定的参考标准。

薪酬等级管理是管理者确定、分配和调整员工薪酬支付标准、薪酬发放水平、薪酬要素结构的过程。决定薪酬等级划分的要素主要包括：企业所属行业、企业发展阶段、企业文化、企业组织架构、企业员工人数等。薪酬等级越多，就意味着薪酬管理制度和规范要求越明确，但容易导致机械化；薪酬等级越少，意味着灵活性也越高，但也意味着容易使薪酬管理失去控制。全球职等系统（GGS，Get Genuine Solution 的简写，是由华信惠悦开发的全球职位评等系统）对薪酬等级的划分是这样的：大型企业通常分为 21~25 个等级，中型企业分为 17~20 个等级，小型企业分为 15 或 16 个等级。

2. 薪酬等级划分的步骤

（1）确定薪酬等级划分标准。根据企业实际情况确定相应的薪酬等级划分标准，如岗位等级或技能等级等。

（2）划分薪酬等级。划分薪酬等级需要将各岗位的岗位评价结果画在一个数轴上，将岗位评价点数相近的岗位划分为一个薪酬等级。岗位评价结果和薪酬等级的对应关系既可以是线性关系，也可以是非线性关系。薪酬等级也相应地分为两类，一类是传统的分层式薪酬等级，另一类是宽泛式薪酬等级。

传统的分层式薪酬等级也称"窄带薪酬"，指的是企业中的薪酬等级比较多，呈金字塔形，员工薪酬水平的提高是随着个人岗位级别向上发展而提高的（见图 4-4）。宽泛式薪酬等级也称"宽带薪酬"，所涉及的薪酬等级少，呈平行排列，员工薪酬水平的提高既可以是因为个人岗位级别向上发展而提高，也可以是因横向工作调整而提高的（见图 4-5）。由于窄带薪酬的薪酬管理制度和规范要求比较明确，是很多成熟的、等级型企业中常采用的薪酬管理方式。宽带薪酬的薪酬等级相对较少，相应地，薪酬的灵活性比较高，适合大多数扁平化、业务灵活性强的企业。窄带薪酬和宽带薪酬等级特点对比见表 4-24。

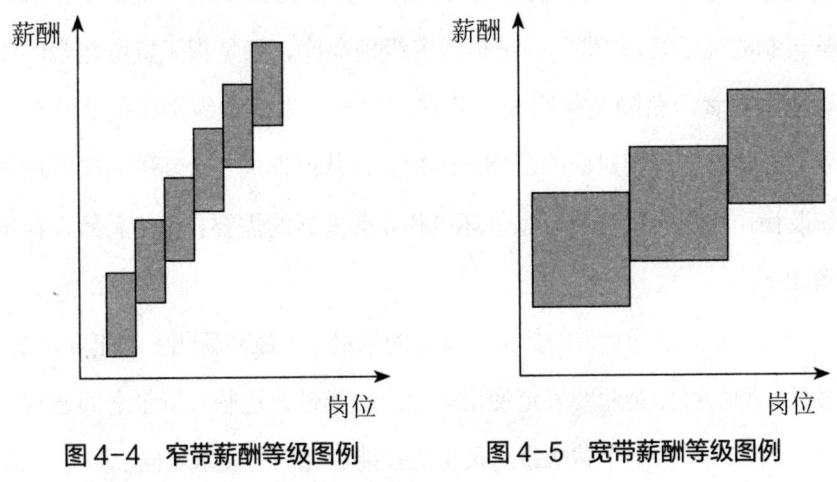

图 4-4　窄带薪酬等级图例　　图 4-5　宽带薪酬等级图例

表 4-24　窄带薪酬和宽带薪酬等级特点对比

项目	窄带	宽带
等级数量	多	少
调薪范围	小	大

（续表）

项目	窄带	宽带
直线经理的参与程度	几乎不参与	参与度高
有效沟通	不重视	重视
环境适应性	弱	强
薪酬驱动力	岗位级别驱动	绩效驱动
工作积极性	低	高

3. 宽带薪酬等级设计

宽带薪酬中的"宽"指的是同级别的薪酬范围宽，也就是薪酬标准范围浮动较大。在宽带薪酬管理模式下，每个薪酬等级中，高端薪酬与低端薪酬之间的差距较大，能够实现大范围的上下调整，提高了薪酬调整机制的灵活性。"带"一是指工资级别幅度，二是指工资所包含的职等范围。宽带薪酬是将原来十几甚至二十、三十个级别压缩成几个级别，并将每个级别对应的薪酬范围拉大，从而形成一个新的薪酬管理系统及操作流程，以便适应竞争环境和业务发展的需要。宽带薪酬设计步骤如下。

（1）确定薪酬宽带的数量。宽带的数量 =（最高薪酬 − 最低薪酬）/最低薪酬。首先企业要确定使用多少个薪酬带，这些薪酬带之间通常有一个分界点。每一个薪酬带对员工的技能、能力的要求不同。

（2）确定宽带内的薪酬浮动范围。根据薪酬调查的数据及岗位评价结果确定每一个宽带的浮动范围以及级差，在每一个薪酬带中各部门根据市场薪酬情况和岗位评价结果的差异确定不同的薪酬等级和水平。

（3）根据不同工作性质及不同层级员工需求的多样性建立有差异化的薪酬结构，以有效地激励不同层级员工的积极性和主动性。

（4）宽带内横向岗位轮换。在同一薪酬带中，鼓励不同部门的员工跨部门流动以增强组织的适应性，提高多角度思考问题的能力。

 **技能和能力薪酬体系**

4.2.1　核心技术和能力提炼

技能和能力薪酬体系分别依据员工所具备的技能水平和胜任能力来确定基本薪酬，是以人的技能、能力增长以及技能、能力评价为基础的薪酬体系。能力薪酬中的"能力"是广义上的能力，是一系列知识技能、自我认知、个性、动机及其他个人特征的总和，这些特征在一定程度上对个人、团队和组织绩效产生影响。

能力模型主要由能力维度、能力项、能力项分级描述这三部分构成。其中，能力维度包括通用能力、专业能力和个性特质三个部分：通用能力是全员都需要具备的能力，如沟通能力、学习能力、抗压能力等；专业能力是从事某个岗位需要具备的专业知识、专业技能、专业素质，如数据分析能力、风险控制能力、客户导向等；个性特质是从事某个岗位需要具备的深层次的价值观、动机和个体特征，如诚信、坚韧、目标感等。

4.2.2　技术和能力分级

搭建好能力模型后，就要对各职类每个职级从低到高赋予一定的分值区间，再结合现有员工的情况，对照每个职级能力级别的详细描述，对每位员工的能力进行打分。员工所得分值对应哪个分值区间，就被评定为哪个职级（示例见表 4-25 和表 4-26）。需要注意的是，每个职级可能会有部分能力项是该层级不可或缺的关键能力项，如果这些关键能力项未达到要求，其他能力项的分值再高也无法评定到相应职级。

表 4-25　某公司技术研发岗能力提炼示例

能力维度	能力项	能力标准分级描述				
		一级	二级	三级	四级	五级
通用能力	沟通能力					
	执行能力					
	学习能力					
	团队协作能力					
专业能力	研发能力					
	分析能力					
	创造力					
	关注细节能力					
	质量控制能力					
	抗压能力					
个性特质	敬业					
	诚信					
	正直					
	有责任心					

表 4-26　某公司对沟通能力的分级描述

分级	描述	行为特征
一级	愿意沟通	能够回应他人发出的沟通信号
二级	准确沟通	能够耐心倾听他人的观点，基本把握他人谈话的主旨；能比较完整地表达自己的意见和想法，并使对方理解
三级	高效沟通	能够准确理解他人的观点，积极反馈；表达言简意赅，逻辑性较强，观点清晰明确
四级	注重沟通技巧	通过语言技巧清晰地表达较为深奥而复杂的观点；在表达时使用肢体语言
五级	运用沟通策略	预判沟通对象的需要和关注点，并采取相应的沟通策略；基于情景，针对不同的沟通对象灵活调整沟通方式

4.2.3　技术和能力定价

根据技能等级进行定价并实施。在实施中要建立评价机构，选派相关负责人随时监督实施过程并对相关问题进行反馈，对实施过程中出现的不足要及时修改、调整、完善。循环进行的修改与完善有利于提高企业的核心竞争。

拓展阅读
《天津市技能人才薪酬分配指引（制度篇）》对技能的定价
对技能人才岗位等级共设置为 8 级，其中：1 级为最低，8 级为最高。每个等级分别有 7 个薪酬档次，其中：1 档为最低，7 档为最高。岗位等级根据所在具体工位确定，根据条件分别适用对应等级。

（续表）

> 薪酬结构中设有多技能工资。多技能工资根据员工主岗以外额外储备的符合上岗要求的多项技能进行确认，主要体现技能掌握程度和水平。具体公式为：多技能工资 = 多技能 A 对应标准 ×1+ 多技能 B 对应标准 ×0.5+ 多技能 C 对应标准 ×0.2，员工多技能种类最多不超过 3 种，多技能工资最高值为 800 元。
>
> （资料来源：https://hrss.tj.gov.cn/zhengwugongkai/zhengcezhinan/zxwjnew/202112/t20211228_5762912.html）

 ## 绩效薪酬体系

绩效薪酬是将组织整体的绩效目标分解为个人和团体绩效目标，对员工超额工作部分或工作绩效突出部分所支付的奖励性报酬。它是对员工过去的工作行为和已取得成绩的认可，鼓励员工提高工作效率和工作质量。绩效薪酬能够反映部门、团队和个人的真实成绩，薪酬通常随员工业绩的变化而调整，实现管理人员能上能下、员工能进能出、收入能增能减。绩效薪酬一般适用于公司管理层、一线的销售人员、计件作业等岗位。根据绩效薪酬激励时间的长短，绩效薪酬可以分为：短期绩效薪酬和长期绩效薪酬。根据绩效薪酬激励层面不同，绩效薪酬可分为：个体绩效薪酬、团队绩效薪酬和组织绩效薪酬。

4.3.1 短期绩效薪酬

短期绩效薪酬是基于员工短期绩效表现来确定薪酬的方式。短期绩效薪酬通常是在一个较短的时间周期内，根据员工的工作表现和绩效结

果来确定的奖励。奖励可以包括一次性奖金、薪酬增长、绩效津贴等形式。以一次性奖金为例，有鼓励和认可奖金、临时任务奖金：前者是为了奖励员工的特殊成就、贡献或在项目中的卓越表现而发放的，用来鼓励员工做出额外努力；后者是针对员工参加的或者领导完成的特定项目或任务的奖励，旨在对员工投入的额外的时间和精力进行激励。短期绩效薪酬的构成因企业所在地区、所处行业、企业政策以及员工职位不同而不同。获得比例通常会根据员工的绩效评估结果和职位级别来确定，一方面奖励员工的工作绩效，另一方面确保满足员工的基本经济需求。

4.3.2　长期绩效薪酬

长期绩效薪酬是以员工长期表现为基础的薪酬体系，目的是激励员工长期以来的发展和持续做出的贡献。相对于短期绩效薪酬，长期绩效薪酬关注的是一年以上的绩效周期内员工的绩效，考核并奖励这个长期绩效的结果。最常见的长期绩效薪酬是员工持股计划。员工持股计划是资本持有者、知识所有者等全体员工分享企业所有权和未来收益权的一种制度安排。

4.3.3　个人绩效薪酬

个人绩效薪酬将薪酬与个人工作绩效挂钩，常见的个人绩效薪酬计算方法有：计件工资、提成工资、泰勒差别计件工资制、梅里克多重计件工资制、哈尔西50-50方法、罗恩计划、甘特计划等，以下对其中五种薪酬计算方法进行说明。

1. 计件工资

计件工资是根据员工生产的合格产品或完成的作业量，按计件单价给予报酬的一种工资形式。计件工资计算的基本公式是：

$$工资金额＝计件单价 × 合格产品或服务数量$$

计件工资通常有以下三种形式。

（1）等价计件方式，即计件单价不变，同一单价计酬。如生产 1 个零件 20 元，那么某员工一天生产了 30 个零件，计件工资则为 20×30=600 元。

（2）分档累进计件方式，即当员工的生产数量超过一定额度时，计件单价逐渐提高。比如，生产 10 个以内的零件，零件的单价为 20 元；超过 10 个以后，零件的单价为 22 元；超过 20 个后，零件的单价为 25 元。企业以这种方式鼓励员工制造更多的产品或提供更多的服务。

（3）分档累退计件方式。和分档累进计件方式相反，这种方式不鼓励员工制造更多的产品或提供更多的服务。

上述第二种和第三种方式分别适用于不同的场合。如果员工的生产数量的提高不会造成工作质量降低，那么就可以采用分档累进计件方式；反之，就需要采用分档累退计件方式。

2. 提成工资

提成工资通常是根据企业的提成制度或员工与企业签订的提成协议，根据劳动者完成的利润额或营业额，按照一定的提成比例给予员工的劳动报酬。提成工资包括超额提成和全额提成。

超额提成的计算公式为：

$$收入 = 基本工资 + 超额收入 × 提成比例$$

全额提成的计算公式为：

$$收入 = 销售额或利润 × 提成比例$$

3. 哈尔西 50-50 方法

该方法的特点是员工和企业分享成本节约额。先确定完成任务的时间限额，如果员工以低于限额的时间完成任务，产生的节余就在工人和企业间以 50∶50 的比例分摊。计算公式是：

$$E=R+\frac{1}{2}(S-T)R$$

其中：E 为总收入，R 为标准薪水率，S 为标准工作时间，T 为实际完成时间。

4. 罗恩计划

工人的奖金随完成工作所需时间的减少而增加。计算公式是：

$$E=R+\frac{S-T}{S}R$$

其中：E 为总收入，R 为标准薪水率，S 为标准工作时间，T 为实际完成时间。

假如某工人完成工作的实际时间为 7 小时，标准时间为 8 小时，每小时工资为 30 元，那么该工人的工资是：E=30×7+（8-7）/8×30×7=236.25 元。

5. 甘特计划

将时间标准设置成需要工人非常努力才能达到的水平，如达不到则只能拿预先确定的保障工资；如在等于或少于额定时间内完成工作，则：

$$工资报酬 = 保障工资 \times（1+120\% \times 节余时间）$$

4.3.4　团队绩效薪酬

团队绩效薪酬指的是根据团队整体的绩效结果确定团队的奖励薪酬，然后在团队内部进行二次分配。二次分配的方式有平均分配、岗位分配和个人分配，或者多种组合形式。采取这样的薪酬体系，要求企业中团队工作目标要与企业目标高度一致。这样的薪酬体系能够加强企业和团队的关系，能够调动团队与团队、个人与团队的协作能力，有较强的激励作用。

团队绩效薪酬包含强度、频率和分配原则三个特征。

团队绩效薪酬的强度是指员工所获得的薪酬在多大程度上依赖于团队的绩效。当员工的薪酬完全取决于团队绩效时，团队薪酬强度最强。团队绩效薪酬的频率是指员工获得该薪酬的时间频率（如每月、每季、每年），不同的薪酬兑现频率伴随着不同的员工态度与离职率。较高的团队薪酬频率会提高团队成员的工作动机，但是通常会增加企业的成本以及削弱团队绩效薪酬的强度。

拓展阅读

国网江苏省电力有限公司淮安供电公司团队绩效薪酬

国网江苏省电力有限公司淮安供电公司坚持"以岗定级、以能取酬、以绩定薪"的分配导向，创新实施"定点、定项、定目标"的三定团队弹性薪酬机制。

定点分为定点到班组和定点到人两种形式。定点到班组是对缺员较严重的班组，按实际配置率情况实施定班组团队薪酬。配置率在62%及以下的按3万元/班；配置率在57%及以下的按6万元/班；配置率在52%及以下的按9万元/班。所核总额由所在部门、单位负责人、班组长根据员工分担缺员工作内容完成情况，予以绩效考评后实施差异化分配，按月计发。班组配置率情况根据当月业务量、人员变动情况实时调整、按月更新。定点到人包含针对生产一线员工的技能浮动薪；针对缺编管理技术人员的兼岗津贴；针对复合型班组中具备"一岗多能"的员工实施一岗多能津贴。

定项目团队薪酬主要针对淮安供电公司年度重点工作任务设立的改革攻坚类团队项目或其他突发事件中出现的临时紧急攻关项目。月度考核中，管理技术人员采取目标任务制实施量化考核、对生产一线员工采用积分制进行量化考核。各部门单位的月度绩效目标薪酬兑现采用分档制，其中Ⅰ档、Ⅱ档、Ⅲ档奖金人数占比分别为20%、65%、15%。其中，Ⅰ档与Ⅲ档奖金差额不低于800

（续表）

元。季度考核中，对部门负责人实施了指标责任度考核，因业绩目标差异造成的薪酬分配差距进一步拉大。年度考核中，年度业绩目标兑现薪酬与省公司发布的公司年度业绩考核结果相挂钩，同时结合各部门单位年度指标的完成情况开展综合考评，形成各部门、单位年度业绩考核的最终结果，作为年度业绩目标薪酬兑现依据。
（资料来源：国网江苏省电力有限公司淮安供电公司课题组 . "三定"团队弹性薪酬管理实践 [J]. 中国电力企业管理 .2020（26）：60-64）

4.3.5 组织绩效薪酬

组织绩效薪酬指的是依据企业整体经营绩效结果确定对个人的奖励，组织绩效薪酬模式可以增加员工对组织的归属感，激发员工工作的积极性，能够获得持久收益，有利于组织整体目标的实现，并可优化人员配置。组织绩效薪酬主要涉及企业利润分享计划、超额利润分享机制、分红计划以及股权激励等长期激励计划。

1. 利润分享计划

利润分享计划是一种组织所有者和员工共享组织纯利润的薪酬分配方式。按分配形式，可将利润分享计划分为现金分配和股份配置两种类型；按照时间性，可将利润分享计划分为现金或当期分配、信托或递延分配、当期和递延分配这三种组合类型。实行利润分享计划有利于协调组织所有者与员工的利益关系，激励员工的努力程度，提高员工的参与度和归属感。

2. 超额利润分享机制

根据《"双百企业"和"科改示范企业"超额利润分享机制操作指引》[1]，超额利润分享机制，是指企业综合考虑战略规划、业绩考核指

---

〔1〕 http://www.sasac.gov.cn/n2588035/n16549643/n16549900/n16550128/
c18038338/part/18038518.pdf

标、历史经营数据和本行业平均利润水平，合理设定目标利润，并以企业实际利润超出目标利润的部分作为超额利润，按约定比例提取超额利润分享额，分配给激励对象的一种中长期激励方式。其中，目标利润是指企业为特定年度设定的预期利润值。企业应结合实际制定超额利润分享方案，方案以三年为一个周期。激励对象一般为与本企业签订劳动合同，在该岗位上连续工作 1 年以上，对企业经营业绩和持续发展有直接重要影响的管理、技术、营销、业务等核心骨干人才，且一般每一期激励人数不超过企业在岗员工总数的 30%。年度超额利润分享额一般不超过超额利润的 30%。

3. 分红计划

分红有助于引导投资者进行长期投资，分红比例较高的公司在一定程度上反映出企业在经营的过程中兼顾了股东利益，有利于实现企业和股东共赢。

4. 股权激励

股权激励是指将公司股权以各种形式授予企业的经营管理者，使得被授予股份的经营管理人员以公司所有者身份参与公司运营并做出决策，共同承担风险，利益共享。

（1）股票期权。股票期权是指公司赋予激励对象可以自主决定是否执行购买公司股票的权利，即选择是否行权，这种权利是在规定期限内，以约定价格购买一定数量的股票。例如，公司与其高管约定，在目前股价 15.8 元的前提下，如果高管完成了公司既定目标，那么高管可以在未来 3 年内按照解锁要求以每股 15.8 元的价格购买共 6 万股股票。采用这种方式，对于公司来说，可以减轻公司的现金流压力，因为是以股票的升值收益作为激励成本，不需要拿出大量现金实现即时激励；对激励对象来说，因为行权对个人也有税收成本，所以员工只有在未来股价上涨到收益远大于个税成本时才会选择行权。

（2）限制性股票。这是一种受限制的选择权。它是指企业采用定向增发或者从二级市场回购等方式按照股权激励计划设定的条件（比如完成业绩目标或达到一定的工作年限等）授予激励对象股票，并对这些股票设置一定的禁售期和解锁条件。激励对象获得限制性股票后，在解除限售前不得转让，只有当激励对象达到解锁条件时，方可出售其持有的股票，从而获得收益。这种模式还可以使企业在不需要支付现金的情况下，利用股市波动以低成本吸引人才。

（3）股票增值权。这是一种虚拟股权激励工具，获利原理等同于股票期权，类似于优先股。激励对象只享有一定数量股票股价的升值收益，没有所有权和投票权，且不能转让和出售，离职自动失效。因为是虚拟股票，激励对象不享有股东的权利，不会稀释股东股权，所以不会影响企业的总资本和资本结构。

（4）员工持股计划。这是一种企业内部员工出资认购本企业部分或全部股权，通过员工持股平台持有，且其持有的股票仅能在内部互相转让的模式。这种模式可以建立和完善劳动者与所有者的利益共享机制，保持企业、股东和员工利益的一致性，促使三者共同关注企业长远发展，从而为股东带来更高、更持久的回报。员工通过获得公司股票而更加努力工作，给企业创造更多价值，从而得到更高的收益。员工的收益随股价的变动而变动，收益与风险并存。这种方式能够增强员工的工作积极性，能更长时间地激励、约束员工。这种模式不仅对吸引优秀人才具有一定的促进作用，还可以使员工与企业形成利益共同体，促进双方共同成长，实现企业稳定发展的长期目标。

第**5**章

绩效及绩效考核

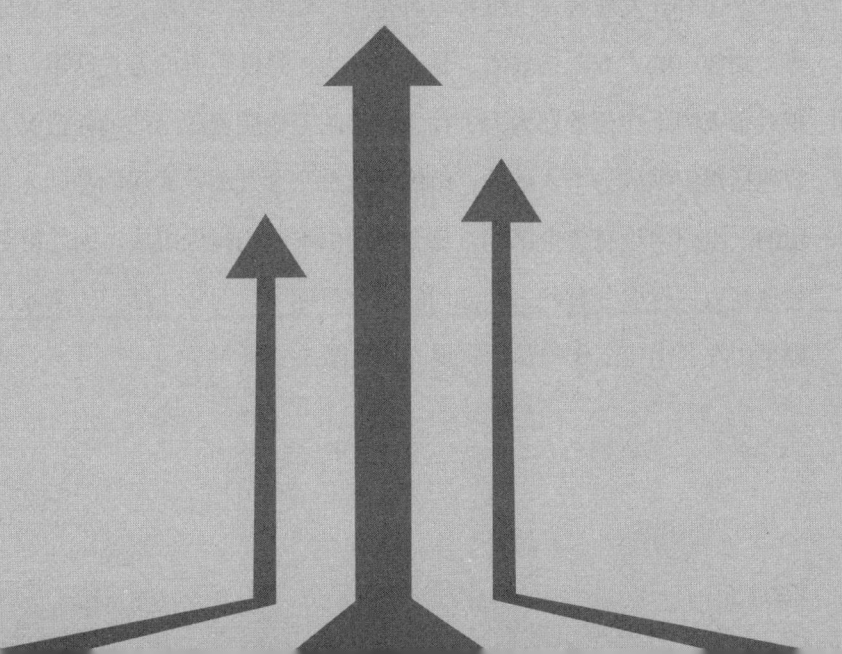

5.1 绩效的概述

5.1.1 绩效的定义

绩效是指员工个体（或群体）在一定的资源、条件、环境以及相应的时间段内对组织目标的贡献水平。企业可以通过准确可靠的数据信息对员工单位时间内的工作行为和工作结果进行评价，也可以结合员工个人（或群体）过去在工作中呈现的素质和能力，提出改进、完善意见和建议，从而预测他（们）在未来特定时间内能取得的工作成效。

绩效是业绩和效率的统称，绩效中的"绩"指业绩，指完成的任务或者取得的成绩。业绩从目标中体现，如企业的目标、员工的目标，员工实现或者超额完成目标被给予奖金、提成、绩效工资等奖励。业绩也可以从员工的职责要求中体现，比如销售人员的业绩除了完成销售目标外，还有开发新客户、维持原有客户、处理客户问题、进行市场分析等。绩效中的"效"指效率，是一种行为，是以正确的方式做事，是组织或个人的工作任务在人力、物力、时间等物质资源上的消耗情况。绩效包括组织绩效与个人绩效，组织绩效是在个人绩效实现的基础之上实现的。组织中设有多个部门，每个部门由不同的岗位组成。因此组织的整体绩效目标要分解到每个部门的绩效目标中，而每个部门的绩效目标则是由在各岗位工作的员工实现的（见图5-1）。

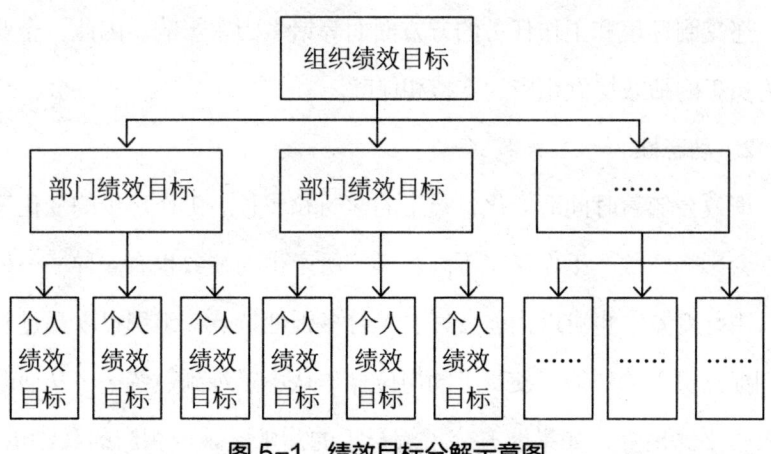

图 5-1　绩效目标分解示意图

5.1.2　绩效的特点

1. 多因性

绩效是由多种因素共同作用的结果。这些因素包括技能（A）、激励（M）、机会（O）和环境（E）。用公式表示为：

$$P\,绩效 = f(A, M, O, E)$$

技能是员工所具备的与工作相关的专业知识和技术，技能水平取决于个人的天赋、智力、经验、受教育和培训情况。技能水平越高，绩效表现越显著。激励是指员工在工作过程中所受到的鼓励，激励会影响员工的工作积极性。激励取决于员工个人的需要、个性、感知、价值观等。机会是偶然的，员工如果抓住了机会，就有可能在工作岗位上获得绩效。环境分为组织的内部环境和外部环境。组织的内部环境包括工作环境、组织战略和组织制度、领导方式、工资福利水平、培训与晋升的机会、企业文化等。组织的外部环境包括政治、经济、社会和技术环境等。

企业需要充分认识到：员工的绩效不仅仅取决于个人的能力和表

现，还受到环境和工作任务的方方面面等诸多因素影响。因此，企业需要为员工的绩效提供相应的支持和保障。

2. 动态性

绩效会随着时间而变化；员工的学习和成长、工作环境的变化等因素都会影响绩效；工作环境不同，员工所产生的绩效也有差异……绩效可以由好变差，也可以由差变好。结合多因性特点，组织可以通过开展培训提升员工的技能，使员工的岗位操作从不熟练到熟练……从而改进绩效水平。另外，如果能充分了解员工的需求，采取相应的激励措施，也会提升员工的绩效。

3. 多维性

绩效可以从多个角度进行评估，包括个人绩效和组织绩效。个人绩效关注个人的工作成果，组织绩效关注整个组织的目标实现程度。多维性是指应该从多方面分析和评价员工的绩效，从工作过程到工作结果整体考虑员工的工作表现。

绩效的多维性体现在工作内容、工作数量、工作质量、工作效率、团队合作与个人成长等六个维度。工作内容包括员工在工作中所负责的任务和工作职责，反映的是员工的工作能力和工作量。工作数量是指员工根据职位和工作性质在一定时间内完成的能被量化的工作，反映的是员工的工作效率和能力。工作质量是指员工根据工作要求和标准完成工作的情况，反映的是员工的专业水平和工作态度。工作效率是指员工根据工作要求和标准完成工作所花费的时间和资源，反映的是员工的工作效率和能力。团队合作是指员工在团队中的表现和贡献，如在团队中的沟通、协作、互助等情况，反映的是员工的团队精神和合作能力。个人成长是指员工在工作中的进步和成长，包括学习新知识、获得新技能、提高专业水平等，反映的是员工的自我驱动和成长意识。

 **绩效考核的概述**

5.2.1　绩效考核的目的

绩效考核是指企业在既定的战略目标下，运用相关的指标和标准，对员工一定时期内的工作行为及取得的工作业绩进行评价，并根据评价结果对员工未来的工作行为和工作业绩进行正面引导的过程和方法。

绩效考核不仅可以用于管理员工，还可以为激励、转岗、解聘、薪酬决策等人力资源管理活动提供依据。企业可以向员工反馈绩效考核结果信息，使员工了解自身的优势和劣势，使员工知道自己应当做什么、怎样做，并可以通过后续的培训与开发活动激发员工的潜能，提升员工的工作积极性以及工作生产率。基于绩效考核的不同目的，企业的管理者关注的侧重点不尽相同。比如，如果企业将绩效考核结果作为员工晋升的依据，那么管理者就需要比较员工之间的绩效；如果企业将绩效考核作为员工培训和发展的依据，那么管理者就要评估员工自身的绩效。

5.2.2　绩效考核的类型

根据绩效考核的目的，绩效考核可以分为发展式绩效考核和评估式绩效考核。

发展式绩效考核指的是考核者在确定员工的发展需要后，将关注的焦点放在员工将来的绩效表现上。因此，发展式绩效考核的目标是确定员工可以改进的知识和技能，从而进一步开发员工的潜能。这类绩效考核常与员工职业生涯规划和管理的连续性联系在一起。

评估式绩效考核指的是管理者将着眼点放在对员工做出的判断上，考核方式是先对员工一段时间内的绩效表现进行回顾与分析，然后再通过将其绩效与某些预先确定的目标或职位说明书上规定的内容进行比较后做出判断。这类绩效考核常与薪酬分配联系在一起。

发展式绩效考核通过评价员工存在的且可通过培训加以改进的不足，帮助员工形成清晰可行的职业目标。发展式绩效考核可以帮助员工了解自身的行为，为员工提供结果导向的信息。员工在明确了工作方向之后，就更有动力去完成工作目标。发展式绩效考核将员工个人目标、团队目标和组织目标融合起来，使员工在信任和合作的氛围中积极参与社会交换，形成正向的人际互动，可提升员工的工作满意度，进而提高团队和组织绩效。

评估式绩效考核往往只涉及对员工工作成绩的优劣进行评价，将考核结果作为对员工进行奖惩或进行利益分配的依据，注重员工的过往绩效，忽视员工今后的发展。评估式绩效考核有可能与员工的个人发展目标产生冲突，进而引发员工的抗拒心理。

由此可见，绩效考核既不是简单地记录、审视员工的工作情况，也不是单纯地为了奖励或惩罚，而是要通过绩效考核及时发现问题，与员工沟通问题，并对员工进行绩效辅导，进而促进员工个体的进步，保障企业整体目标的实现。

5.2.3　绩效考核的内容

一般来说，绩效考核的内容包括"德、能、勤、绩、廉"五个方面。"德"是指思想品行；"能"是指才干、能力，是一种潜藏的能动力；"勤"是指工作表现，如尽职尽责做事、不偷懒；"绩"是指个人或团队在工作中取得的成绩；"廉"是指廉洁正直。

1. 德

"德"是创造绩效的保证，是绩效考核的一个重要标准。德包括政治品德、职业道德、社会公德、家庭美德等。

（1）政治品德，是指一个人应具有崇高的政治理想、高尚的政治追求、纯洁的政治品质和严明的政治纪律。"一个人只有明大德、守公德、严私德，其才方能用得其所。"要铸牢理想信念、强化宗旨意识，严格约束自己的操守和行为。"清清白白做人、干干净净做事，做到克己奉公、以俭修身，永葆清正廉洁的政治本色。"

（2）职业道德，是指人们在职业活动中应该遵循的行为准则，涵盖了员工与服务对象、职业与员工、职业与职业之间的关系，是在工作中，用高尚的道德指导岗位活动的具体实践。《新时代公民道德建设实施纲要》以爱岗敬业、诚实守信、办事公道、热情服务、奉献社会为主要内容的职业道德，鼓励人们在工作中做一个好建设者。因此，从业人员要诚实守信，不逾越底线；以义取利，不唯利是图；稳健审慎，不急功近利；守正创新，不脱实向虚；依法合规，不胡作非为。

（3）社会公德，是全体公民在社会交往和公共生活中应遵循的行为准则，涵盖了人与人、人与社会、人与自然之间的关系。要文明礼貌、助人为乐、爱护公物、保护环境、遵纪守法。

（4）家庭美德，是每个公民在家庭生活中应该遵循的行为准则，涵盖夫妻、长幼、邻里之间的关系，包括要做到尊老爱幼、男女平等、夫妻和睦、勤俭持家、邻里团结。

2. 能

"能"即能力和才干，既是员工履行职责时的业务素质、能力以及分析处理各种复杂问题的经验，也是对员工承担岗位工作在才识和专业技术能力方面的要求，包括员工是否具有胜任某一岗位的能力和是否能够最大限度地发挥其能力这两个方面。工作能力需要通过实践转化为工作实绩。工作能力由一般能力和特殊能力这两方面的能力组成。

（1）一般能力：是指所有员工完成各种活动都必须具备的能力，包括分析判断能力、口头表达能力、文字表达能力、说服能力、归纳能力等基本工作能力，也包括身体能力，如合适的年龄、健康状况等。

（2）特殊能力：是指为适应一定活动的需要而形成的具有专业和综合特征的能力，包括业务专业技术能力、领导能力、创造能力、执行能力、经验能力等。

3. 勤

"勤"即员工的工作态度，考察员工在其工作岗位上是否勤奋敬业、遵守纪律、积极主动地工作等，由积极性、纪律性、责任心和出勤率四个方面组成，也就是考察员工是否有积极的工作态度和事业心，工作时是否一丝不苟，是否肯学肯钻，是否达到了规定的出勤率。

4. 绩

"绩"指的是员工的业绩，综合反映员工的工作能力、工作态度、工作成果和工作效率等，一般从以下四个方面来看。

（1）从工作指标来看，"绩"是指履行职责、完成工作任务的质量或数量，即工作质量指标成绩和数量指标成绩。

（2）从工作效率来看，"绩"是指完成工作任务的过程中体现出来的组织效率、管理效率和机械效率。

（3）从工作效益来看，"绩"是指完成工作任务的经济效益、社会效益、时间效益等。

（4）从工作方法来看，"绩"是指采取了什么样的好方法、好措施顺利地完成了任务。

5．廉

"廉"主要考核的是员工执行清正廉洁的有关规定的情况和严格要求自己的情况，有无违纪现象等。还要考核员工的修养情况，看其爱好是否健康向上，能否积极参加一些公益活动，能否自觉抵制不健康行为，能否做到遵纪守法、克己奉公、廉洁自律等。

总之，德、能、勤、绩、廉这五个方面相互联系、互为影响、互为补充，是不可分割的统一体。因此，在实践中，应该针对考核的需求和目的，将这五种指标有机地结合起来，才能得到较为客观的考核结果。

5.2.4　绩效考核的原则

（1）公开性原则。绩效考核必须公开透明，被考核者有权知道考核的目的、程序、方法、时间及结果等。

（2）客观性原则。绩效考核必须以事实为依据，避免主观臆断和受个人情感等因素影响。

（3）差别性原则。对不同岗位、不同级别、不同职能的人员进行考核时，要设置不同的绩效考核指标和考核评价体系。

（4）发展性原则。实施绩效考核的目的在于促进员工和团队的成长与发展，惩罚与奖励都是手段，不是最终目的。

（5）及时反馈原则。在绩效考核过程中，考核者要与被考核者保持沟通，发现问题要及时指导其改进。考核结果评定后，要及时向被考核者反馈，以便被考核者能够更好地开展工作。

5.2.5　绩效考核的流程

（1）明确绩效考核的目的。在绩效考核前，首先要明确绩效考核的目的是评价员工的工作绩效，还是为组织的薪酬、晋升、培训决策等提供依据，或是为了激励员工提高工作绩效，促进员工发展，抑或是为了发现员工在工作中存在的问题，为员工改进工作提供帮助，等等。

（2）设定绩效考核的指标。员工绩效考核的指标通常基于企业的经营计划任务与目标、部门或团队的工作任务以及员工的岗位职责等进行设定。要将企业经营发展的战略目标（包括组织或部门、团队绩效目标）与岗位职责转化为具体可控、可测的绩效指标。绩效考核指标的设定应该主要着眼于企业经营中最重要的任务或事情。

（3）依据企业经营管理的实际情况，确定合适的考核周期。一般以月度、季度、年度为考核周期。

（4）编制绩效考核计划。计划中要明确每一项重点工作完成的时间指标、质量指标和成效指标。

（5）校正量化和效化指标。量化指标是数据指标，效化指标是成效指标，它们反映了重点工作的效率要求和价值预期。但是在实际工作中，不是所有的工作及结果都可以用数据进行量化，而且成效指标的设置和确定也较为困难，需要反复斟酌、认真校正并确认。

（6）调控考核过程。在企业运营中，存在诸多不确定性因素，因此实际发生的和预先计划好的工作可能存在这样或那样的偏差或冲突，可能造成工作进度、工作范围等的变化。因此，当这些情况发生时，管理者应该分析这些变化，准确识别变化的成因和走势，然后对工作计划和考核指标及时做出适当的调整、改进。此外，编制绩效考核计划时也需要适当留有弹性。

（7）验收工作绩效。在每个考核周期的期末，考核执行人要在规定的时间范围内，依据预置好的或调整后的周期工作计划，对考核对象的工作情况进行考核。要按照每项工作设置的量化和效化指标和考核分值，逐项核实工作成效，记录相应得分，然后对得分进行计算，并就其工作绩效提出改进建议。

5.2.6　绩效考核周期

绩效考核周期不宜设置得过长或过短，因为如果考核周期过长，考核结果会受"近因效应"（指最新出现的刺激物促使印象形成的心理效果）的影响而出现偏差，员工也容易忽略绩效考核。如果绩效考核周期过短，不但会增加考核成本、增加相关人员的工作量，还会出现某些工作因跨考核周期而无法评价的情况。因此，在确定绩效考核周期时需要考虑以下几个因素。

1. 企业所处行业

企业所处行业决定了产品的类别、生产周期、销售方式等。产品的生产周期不同，绩效考核的周期也不同。例如，日用消费品的生产周期较短，因此，生产此类产品的企业可以以月度为考核周期。但是，对于生产大型设备的企业或者提供项目服务类的企业，由于生产或服务周期较长，如果以月度为考核周期，达不到理想的考核效果，因此，可以以季度、半年或年度为考核周期。

要特别指出的是，在工作中，有的任务可能只需要花费一天或者几天就能完成，业绩周期非常短，如销售岗、司机岗等。如果每卖出一件商品或者每完成一单运输任务就考核一次，则过于耗费考核成本，所以，最好将业绩周期累积到自然月度、季度进行考核。对于业绩周期长的工作，可以把一个业绩周期拆分为若干个有明确节点的阶段，对每阶段的里程碑式的任务进行分段式绩效考核。比如开发一个产品可能需要半年、一年甚至更久的时间，那么可以按照产品研发的全寿命周期，将整个流程分为概念设计、细节设计、样品生产、样品调试、技术改进、大批量生产等几个阶段，考核周期可以根据流程的不同阶段进行设计。

2. 员工所处的岗位

（1）管理岗。对管理岗，尤其是中高层管理岗的管理人员进行绩效考核时，需要结合企业整体或者管理人员所在部门的经营情况，通常需要设定较长的考核周期，一般为半年或一年。一般来说，随着管理人员级别的提高，考核周期也要适当延长。另外，大型企业管理层人员的考核周期一般要比小型企业管理层人员的考核周期长。

（2）研发岗。研发人员的评价指标一般为任务完成率和项目效果评价。但是，由于研发活动可能会持续较长时间，所以可以将研发活动的各关键节点作为绩效考核周期。如果发现关键节点存在问题，则可及时反馈；如果关键节点进行顺利，则可以在年底再进行综合考评，以便研发人员能够集中精力开展工作。

（3）生产岗。在生产岗工作的员工，主要考核其生产的产品质量、生产进度、交付时间等。因此宜采用短期考核，以强化激励效果。但是如果生产周期较长，则可以根据生产情况延长考核周期，或者按生产批次的周期进行考核。

（4）营销岗。营销岗员工的工作绩效可以用销售额、回款率、市场占有率、客户满意度等作为考核指标。企业需要及时掌握这些指标的完成情况，适时进行调整或修改，因此对此类人员的绩效考核周期通常以月度或季度为单位进行。

（5）售后或技术服务岗。售后岗员工的绩效与销售业绩相关，因此考核周期也不应过长。同理，技术服务岗员工的考核周期也要与研发生产人员的考核周期挂钩。

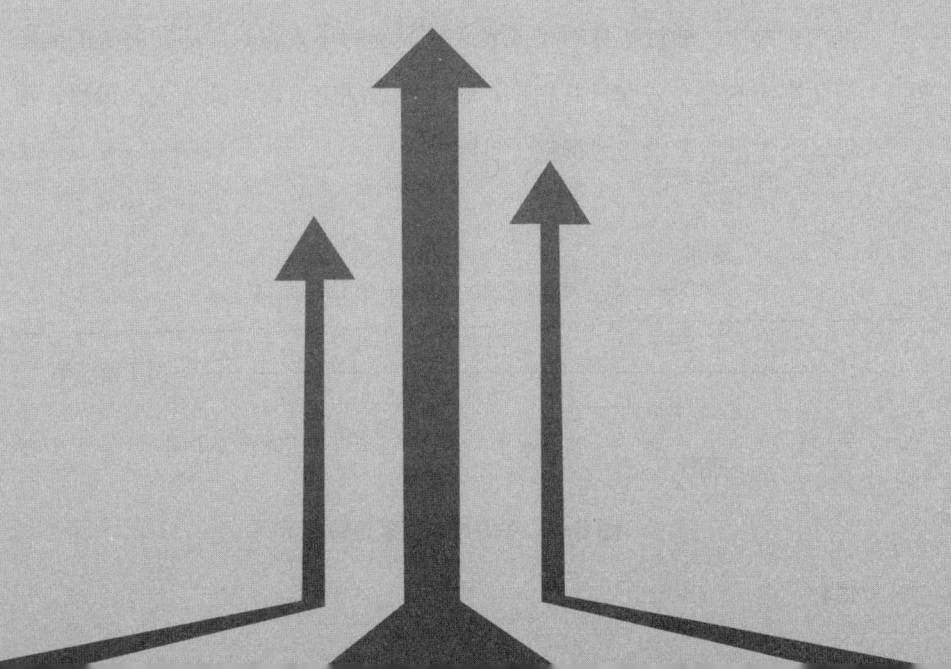

第**6**章

绩效考核方法

6.1 关键绩效指标法

6.1.1 关键成功因素

关键成功因素（CSF，Critical Success Factors 的简写）是令企业保持竞争力和保持长期成功的至关重要的因素。关键成功因素既可以是来自企业内部的因素，包括企业的战略、使命和目标，也可以是与企业外部的宏观环境相关联的因素。关键成功因素主要有四个来源：与企业所处行业或市场有竞争关系的行业或市场，企业自身的情况以及在行业或市场中的地位，企业所处的国内和国际环境，短期和长期时间因素等。企业的一个战略目标可以对应多个关键成功因素，比如某家企业的战略目标是"节约、减少浪费"，那么其对应的关键成功因素可以为：提高回收利用率和减少碳排放。

关键成功因素可以使用鱼骨图法。首先，画出鱼头，即需要解决的问题；其次，通过集体讨论或者头脑风暴的形式讨论对需要解决的问题产生影响的各个方面，并根据影响程度归纳出鱼骨图的分支；最后，根据各分支提取关键绩效指标（见图 6-1）。

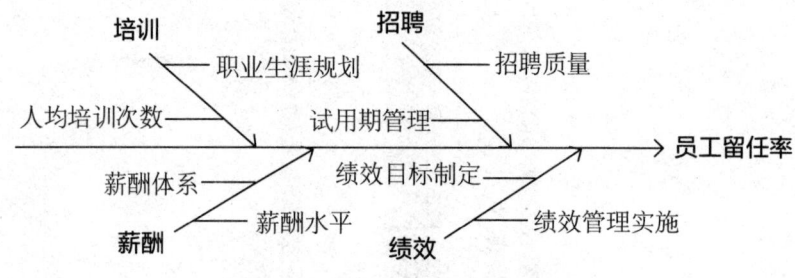

图 6-1　关键成功因素鱼骨图示例

6.1.2　关键绩效指标筛选

1. 什么是关键绩效指标

企业 80% 的价值由 20% 的员工贡献，80% 员工的工作由 20% 的关键行为实施。所以，企业需要重点关注这些关键员工和关键行为。关键绩效指标（KPI）是用于考核、管理被考核者的可量化的或可行为化的绩效的具体标准，是将企业战略目标向下分解，形成可操作、可控制的战术目标。通过在关键绩效指标方面达成的承诺，员工与管理者可以就工作期望、工作表现和未来发展等方面进行沟通，明确个人、部门的责任。

企业一旦明确了关键成功因素，就可以设计关键绩效指标。关键绩效指标是衡量业绩的具体标准，是用量化的形式帮助企业了解其在关键成功因素方面的表现如何。例如，如果一家制造企业将"产品质量"作为一个关键成功因素，那么就可以将"废品率低于 10%"作为关键绩效指标。同样，一个关键成功因素也可以由若干个关键绩效指标衡量。如上文提到的关键成功因素之"提高回收利用率"，可以关联"将可回收利用的生产材料比例逐年提高 3%"以及"增加产品在内部的再利用率，同比增加 5%"两个关键绩效指标。

需要注意的是，关键成功因素和关键绩效指标的总数要保持在一个可控的水平。如果数量太少，则意味着企业无法通过必要的细节来确定业务重点，且难以衡量绩效；如果数量太多，又会导致缺乏重点，对关键成功因素和关键绩效指标的提炼不精准。另外，在组织内部，要自上而下地以关键绩效指标对企业的战略目标进行层层分解，关键绩效指标既要关注企业的短期利益，又要兼顾企业的长远发展。

2. 关键绩效指标的分类

关键绩效指标主要围绕产品的数量、质量（含工作质量、服务质量）、成本和时间进度等方面进行设定。关键绩效指标的内容主要有两类：一类是以结果为导向的指标内容，如生产、销售类企业以产品的利润率、产品生产返工率、产品研发过程中的流程效率以及企业运营过程中的人工成本等指标为主，考核的主要目的是对绩效结果进行评价并控制；另一类是以驱动为导向的指标内容，如以服务为主要业务的企业，其关键绩效指标包括客户的满意度、员工的服务态度以及工作流程的标准化等。

3. 筛选关键绩效指标需要考量的因素

关键绩效指标的数量一般为 4~6 个，筛选关键绩效指标时，需要考虑员工的工作态度、工作能力以及工作成果等因素。员工如果拥有积极的工作态度，那么在工作中遇到困难时，就会努力寻找解决方案，不断突破创新。工作能力是员工完成工作的基础，是工作质量的保障，工作能力强，员工的职业发展机会就会多，企业的绩效也会随之提高。工作成果即员工的工作绩效，是体现员工价值的考核指标。这些因素是相辅相成的，不能孤立存在。

除此以外，筛选关键绩效指标时还需要结合企业的发展阶段。企业处于不同发展阶段，考量关键成功因素的比重和关键绩效指标的权重是不一样的。

企业在初创期，需要突破型人才尽职尽责地完成工作，并取得较好的工作成果，主要解决的是企业的生存问题，因此关键绩效指标以工作成果为主。企业在发展期，需要大量的业务开拓型人才，企业不仅关注工作成果，更需要对企业忠诚的员工，因此，设计关键绩效指标时，应该提升工作态度和工作能力在关键绩效指标中的比例。企业在成熟期，设计关键绩效指标时，除了要关注企业的生产经营目标，还要考虑企业未来 5 年或 10 年的发展规划。

6.1.3　关键绩效指标的权重设计

构建出关键绩效指标体系后，还需要对不同的绩效指标进行权重设计，以确保企业的重要经营目标得以实现。指标的权重代表了该指标对于被考核对象的重要程度，权重越大，则该指标的重要程度越高。权重纵向相加和为 100%（示例见表 6-1）。设定关键绩效指标时必须考虑被考核对象的基本工作范畴，重点工作的权重一般不超过 30%，也不低于 5%（示例见表 6-2），因为权重超过 30% 会导致员工工作过分倾斜，权重低于 5% 又可能使员工放弃该指标。

表 6-1　关键绩效指标权重示例

指标名称	权重	指标定义
付款完成率	30%	实际支付笔数 / 应付款笔数
客户满意度	20%	客户回访满意度调查评价分数
销售回款	30%	销售回款金额
创新能力	10%	工作中的创新思维和解决问题能力
团队合作能力	10%	在团队中参与和协作的表现
总计	100%	

表6-2　关键成功因素和关键绩效指标权重设定示例

关键成功因素	关键绩效指标	权重
安全生产	安全检查次数	15%
	安全教育的次数	10%
	事故隐患整改率	10%
生产管理	设备非计划停运次数	5%
	物资采购的及时率	5%
	物资盘点的准确率	5%
	设备维修的及时率	5%
盈利能力	流动资产周转率	10%
	利润总额	10%
员工队伍建设	人员留任率	5%
	人均培训次数	5%
	人员晋升周期	5%
节能环保	水电等能源费用	5%
	污染物吨数	5%
总计		100%

　　权重分数不能无限制地高，在通常情况下会对权重设置一个上限，即考核指标的"封顶分数"。除了设置上限外，也必须对指标的下限的权重进行设置，如果某些指标很重要，则可以对该指标设置下限，并将该指标作为否决性的指标加以强调。例如，某贸易公司将对销售员进行考核的一个指标——季度销售额的权重设置为40%，并规定：如果销售

员季度实际销售额低于目标销售额的 85% 时，则总体考核按零分计，这样做，可以保证季度销售额指标的重要性。

6.1.4　关键绩效指标数字化

随着时代的发展，企业也面临数字化时代的机遇和挑战，企业数字化战略应运而生。人力资源数字化战略是企业数字化战略的延伸，没有人力资源数字化，就没有企业管理的数字化，因此，打造数字化人力资源管理系统、建立数字化绩效指标体系是企业数字化建设的首要任务。

数字化关键绩效指标是指用数字测量值评价的绩效指标，包括评价企业数字化转型以及数字化业务实施或改善效果的指标，可以将其分为永久指标和发展指标。永久指标指的是无论企业是否数字化，都固定不变的关键绩效指标；而发展指标考核的是企业战略目标的增长率，可以将收入与数字化产品或销售渠道联系起来。

除了上述两个企业内部的指标外，企业还需要考虑要与客户沟通、互动后才能确定的基于外部的指标。分类示例见图 6-2。

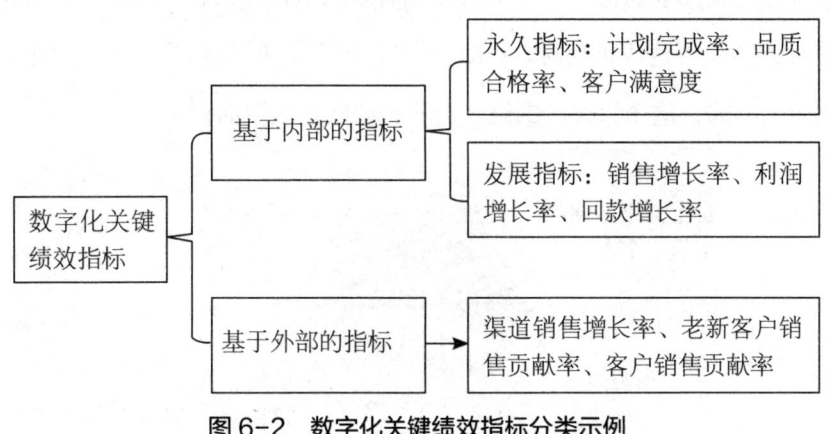

图 6-2　数字化关键绩效指标分类示例

6.2 目标与关键成果法

目标与关键成果法（OKR，Objectives and Key Results 的简写）是英特尔（Intel）公司的安迪·格鲁夫提出的管理概念。OKR 将目标管理自上而下落实至最基层，帮助企业或团队以及个人明确各自的发展目标，跟踪工作进展，提升团队工作绩效，改善人力资源利用有效率。OKR 的主要目标是明确公司和团队的目标以及明确达成每个目标可衡量的关键成果。

6.2.1 设定目标

对于 OKR 来说，具体的目标（O）是一种有挑战性的、具体的、一定时间内（通常为一个季度）的目标；关键成果（KR）是量化的，即关键成果由量化指标的形式呈现，如季度客户增长率为 15%。OKR 允许在考核期限内适当调整考核目标对应的工作成果，然后在考核期结束时评估是否达成了目标。OKR 是根据员工之间的相互沟通与讨论来制定目标的，这个目标应围绕"企业想要做什么"而诞生。

图 6-3　OKR 目标的特点

6.2.2 明确关键成果

每个目标（O）都要有对应的关键成果（KR），因此需要针对每个目标进行充分讨论，并确定实现目标对应的关键成果。上一层级的关键成果是下一层级的目标，下一层级的目标对上一层级的关键成果起支撑作用（示例见表6-3）。确定关键成果时，关键成果要能直接影响目标的完成情况，且可以衡量。在通常情况下，一个目标一般对应不超过4个关键成果，且要有明确的时限要求（示例见表6-4）。

表6-3 某公司安全与应急管理部绩效考核目标与关键成果之对应示例

绩效考核目标（O）	关键成果（KR）
O1：安全事故发生率为0	1. 每月开展全公司安全保卫检查工作一次
	2. 每半年组织全公司开展安全应急演练一次
	3. 每年开展消防安全培训一次
	4. 每年组织全体员工参加安全事故警示教育活动一次

表6-4 ××××年3季度某公司产品组的目标

序号	目标（O）	关键成果（KR）
1	本季度总销售额达到500万元	7月，销售额140万元
		8月，销售额170万元
		9月，销售额190万元
2	本季度公司官网点击率超过15万人次	7~9月，官网中广告的点击率超过5万人次
		10月1日前，官网访问量超过7万人次
		7月15日~8月5日年中大促活动官网访问量超过3万人次

（续表）

序号	目标（O）	关键成果（KR）
3	本季度推出至少1款新产品	7月推出3款备选产品
		8月根据市场反应情况，确定着重销售的、排名第一的产品

6.2.3 设定权重

企业确定目标（O）和关键成果（KR）后，就要对各个关键成果（KR）的权重进行分配，示例见表6-5、表6-6。

表6-5 某公司安全与应急管理部关键成果权重

绩效考核目标（O）	关键成果（KR）	KR权重
O1：安全事故发生率为0	1.每月开展全公司安全保卫检查工作一次	40%
	2.每半年组织全公司开展安全应急演练一次	30%
	3.每年开展消防安全培训一次	15%
	4.每年组织全体员工参加安全事故警示教育活动一次	15%

表6-6 某公司××××年3季度产品组的关键成果权重示例

序号	目标（O）	关键成果（KR）	KR权重
1	本季度总销售额达到500万元	7月，销售额140万元	20%
		8月，销售额170万元	30%
		9月，销售额190万元	50%

序号	目标（O）	关键成果（KR）	KR 权重
2	本季度公司官网点击率超过 15 万人次	7~9 月，官网中广告的点击率超过 5 万人次	30%
		10 月 1 日前，官网访问量超过 7 万人次	30%
		7 月 15 日~8 月 5 日年中大促活动官网访问量超过 3 万人次	40%
3	本季度推出至少 1 款新产品	7 月推出 3 款备选产品	40%
		8 月根据市场反应情况，确定着重销售的、排名第一的产品	60%

6.2.4　考评打分

每个季度结束时，每个被考核者都要将自己的绩效报告给自己的直属上司，由上司给他们打分，每个季度开始时的总的加权（满分 100）转换为每个目标的真实分数。评分标准如下：

（1）关键成果（KR）的各项指标的完成率为其得分。

（2）目标项的分数按关键成果（KR）的分数乘以加权后得到。理论上讲，得分为 60~80 分，则说明该计划运作得很好，而得分在 60 分以下则意味着需要改进。

（3）首次设定 OKR 后，如果经计算，单一目标的分数为 100 时，则意味着目标可能定得太低、太容易，缺乏挑战性，需要检讨目标的制定情况。

6.2.5　定期复盘

在每个 OKR 实施周期的尾声，需要相关负责人陈述并复盘实施周期的整个过程，其中包括当期的目标是什么，制定目标的原因，实现目标的过程中遇到了哪些问题，这些问题是如何解决的，最终的结果是什么，有哪些经验和教训，评价参与人员的业绩表现，以及对下一周期的建议，等等。

复盘实际上是对上一个周期的 OKR 进行收尾、总结，同时评价该 OKR 的可行性与有效性，并进一步做出调整，为下一个 OKR 的管理提供有用的数据资料。

若想成功复盘，需要具备三个要素：一、企业的主要领导人、部门负责人都主动在各自所处的层级开复盘会；二、各层级的复盘会必须明确开复盘会的目的，以目标、关键成果的达成情况以及追究责任为核心内容，经过分析、讨论后，找出影响结果的问题，最后研究出可行的解决方案；三、当第二个要素的内容全部落实后，需要实施、落实研究出的解决方案，并提出具体的改善措施。

OKR 的复盘主要由回顾并分析目标，发现存在的问题，重新定义问题，总结、借鉴经验并提出改进方案，行动改进，设定目标等六个步骤组成。复盘实际上是一个循环管理的过程，其存在的主要目的是推动计划顺利执行，达成目标。因为大部分企业采取的是以季度为周期的 OKR，因此，周期性的复盘计划非常重要，可以通过各层级开的复盘会议找出工作中存在的问题，并将问题透明化，且进行公示，使员工对 OKR 的管理结果有一个清晰的认知。企业上下都能够从公示的 OKR 复盘中获得改善工作的启示，依据各自的情况分析问题，找出解决问题的方法。复盘时，个人复盘至关重要，不仅因为复盘有利于计划顺利开展，确保其一直朝着正确方向推进，更是因为通过个人复盘，可以进行自查、自纠以及自省。个人进行复盘时，重点在于点评工作的开展情况，而非进行追责。

OKR 全流程示例见图 6-4。

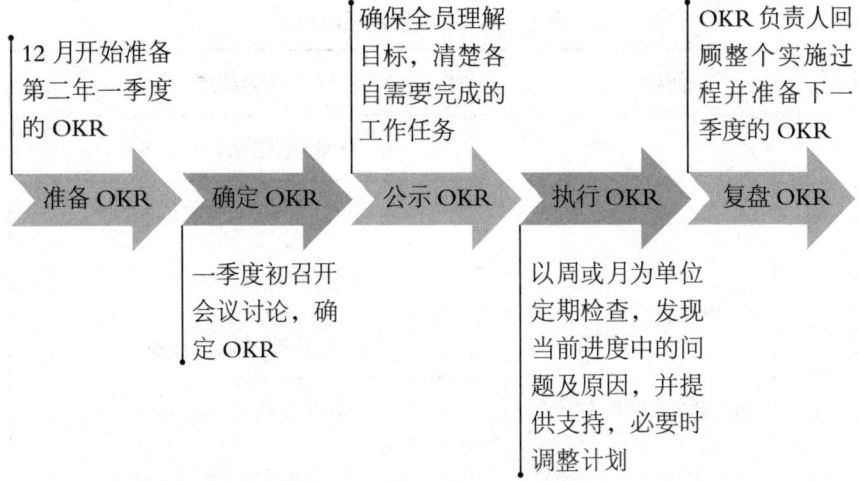

图 6-4 OKR 全流程示例图

6.2.6 目标与关键成果法的应用范例

以 A 公司 D 项目为例，D 项目部设立 OKR，召开项目部团队 OKR 大会，项目部经理在会上宣讲公司战略和年度计划，项目部所有员工根据宣讲的内容，共同研讨并确定项目部的目标和关键成果。首先，初步拟定 1~4 个有挑战性的目标和与每个目标相匹配的 1~3 个关键成果，通过自由列举目标、将关键成果归类分组、投票排序，做出最后的选择。保证项目部每个岗位的目标都是基于公司战略目标和年度计划制定的。其次，将项目部 OKR 向上级主管汇报，确保项目部的 OKR 和公司的战略目标保持一致。项目部的 OKR 确定后，就开始自上而下地设立项目部各部门、团队或小组的 OKR（示例见表 6-7）。在确定了项目部各部门、团队或小组的 OKR 后，还需要制定个人 OKR。制定个人 OKR 后，项目部经理以一对一沟通的方式予以确认。

表 6-7　D 项目部 OKR

	目标	关键成果
01	效益增长 5%	营业收入同比增长 5%
		利润总额同比增长 5%
		业务覆盖增加 1 个城市
02	提高技术团队建设效能	开展技术培训 3 次
		客户满意度 90% 以上
		获得 A 公司表彰 2 次
03	合同内容完成率 100%	按合同约定时间全部完成任务

在制定了项目部的 OKR 后，就需要进一步制定多角度、可衡量的 OKR 绩效考核指标，明确并发布绩效考核方案，绩效考核方案的内容包括但不局限于指标名称、指标定义、指标权重、考核周期、统计部门或人、结果应用等（示例见表 6-8）。

表 6-8　D 项目部绩效考核指标示例

指标名称	指标定义	指标权重	统计数值	赋分值	考核周期	统计部门/人	结果应用

在实施阶段，以周、月、双月或季度为周期，按周期召开项目部会议，评审本周期 OKR 完成情况，并根据该周期的 OKR 制订下一周期的工作计划，通过实践和持续的总结，不断改进 OKR。定期考核 OKR 执行情况可以督促各方完成关键成果，在每一个周期结束时，对关键成果进行考核，并评价项目目标的执行情况，如表 6-9 所示，可将 OKR 的总分设置为 10 分[1]。

表 6-9　D 项目部 OKR 评分标准

分值 S	状态	分值说明
S ≥ 6	安全	一般得分为 6 分较为合理，如果得分为满分 10 分，则需要考虑目标设置得是否缺少挑战性
4<S<6	警告	需分析是目标设定得太高，还是客观原因导致关键成果未达成
S<4	高危	需要重点讨论目标的可行性

A 公司可以依据绩效考核结果，对 D 项目部实施一定的奖惩措施，如果绩效考核结果表现优异，则对该项目部进行一定的奖励；如果绩效考核结果表现较差，则给予一定的处罚。同理，D 项目部对其员工也要采取相应的奖惩措施。

 **360 度绩效考核法**

360 度绩效考核指的是从组织内部的各个层级，包括员工本人处收

---

〔1〕　实际操作时，满分分值可以根据实际情况自行决定。

集关于员工的行为、表现等信息的方法，其本质是一种以多源信息为核心，以促进员工发展为目的的管理方式。

6.3.1　确定考核的主客体

在考核前，首先要界定考核的主体与客体，即明确是由哪些人对谁进行考核，这里的"哪些人"是考核主体，"谁"就是考核客体。360度绩效考核法从五个维度——上级领导、下级员工、同级同事、客户以及员工自己确定考核主体与客体（见图6-5）。与考核客体存在业务关联的所有人都以考核主体的形式参与进来，理论上讲人越多越好，因为这样可以完整地收集关于考核客体的信息。但是，在实践中，操作起来并不容易。所以，我们要根据实际情况，合理确定考核主体的规模。

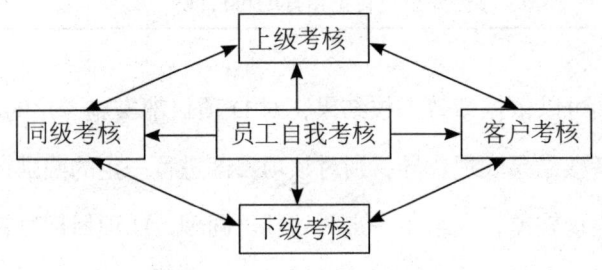

图 6-5　360 度绩效考核法

6.3.2　构建指标体系

360 度考核法的指标来自上级、下级、同级、客户以及员工自己五个维度，每个维度下均设有一级指标和二级指标。

1. **上级维度**

上级对员工的绩效进行考核评价时，既要关注具体的工作业绩产出，又要对员工完成工作的过程予以监督，并对员工的工作能力、工作态度等进行评价，具体考核指标见表6-10。

表6-10　上级维度的绩效考核指标

考核主体	一级指标	二级指标
上级领导	业绩与产出	工作任务结果
		结果质量
		产出贡献
	工作能力	业务能力
		管理能力
		创新能力
		沟通能力
	工作态度	价值观
		责任心
		团队精神

2. **下级维度**

被考核员工的下级（下属）主要对上级的团队建设能力、工作能力以及工作态度等方面进行评价，帮助上级明确自己在下级（下属）心中的形象和能力等，以进一步调整工作部署或管理方式，具体考核指标见表6-11。

表 6-11　下级维度的绩效考核指标

考核主体	一级指标	二级指标
下级员工	团队建设	公正性
		民主性
	工作能力	计划协调能力
		组织能力
		领导能力
		控制能力
		沟通能力
	工作态度	原则性
		责任心
		道德品质

3. 同级维度

部门内部或是平行部门同级的同事的评价能很好地反映被考核员工给予同级同事的印象，考核时基于工作需求，主要考核其团队建设能力、工作能力、工作态度等方面，具体考核指标见表 6-12。

表 6-12　同级维度的绩效考核指标

考核主体	一级指标	二级指标
同级同事	团队建设	全局意识
		合作意识
		服务意识

（续表）

考核主体	一级指标	二级指标
	工作能力	业务能力
		计划能力
		创新能力
		沟通能力
	工作态度	原则性
		责任心
		道德品质

4. 客户维度

客户维度的评价需要获取来自客户的真实感受与评价。从客户审视该员工工作的角度出发，在工作业绩方面的考核指标主要包括客户对方案和产品的采纳率，以及员工按时完成任务的情况；在能力水平方面的考核指标主要表现为服务质量与水平和客户的认可度；在工作态度方面的考核指标表现为客户的满意度与服务效果。具体考核指标见表6-13。客户维度的评价能进一步强化员工的客户服务意识，增加公司与客户间的黏性。

表6-13 客户维度的绩效考核指标

考核主体	一级指标	二级指标
客户	工作业绩	客户对方案和产品的采纳率
		工作按期完成率
	能力水平	客户认可度
		服务质量
		服务水平
	工作态度	客户满意度
		服务效果

5. 员工自己维度

员工的自我评价是基于对自身工作状况的了解，根据实际情况，主要从工作业绩、工作能力和工作态度三个方面对自己进行自我考核，具体考核指标见表6-14。但要注意：员工对自己进行的考核，可能会有较强的主观性。

表6-14　员工自己维度的绩效考核指标

考核主体	一级指标	二级指标
自己	工作业绩	工作完成情况
		工作质量
	工作能力	业务能力
		创新能力
		沟通能力
	工作态度	原则性
		责任心

6.3.3　分配指标权重

确定好考核指标后，就需要分配指标权重。这阶段要充分考虑不同指标的重要性，然后分配合理的权重。一般来说，权重赋值越大代表指标越重要，反之则相反。但要注意的是，自我维度结果可能会具有较强的主观性，因此一般权重赋值不会太大。考核指标和考核主体的权重的确定方法有很多，具体方法有专家会议法、德菲尔法、层次分析法等。鉴于方法比较多，此处采用比较简单的专家会议法来说明、确定各项指标具体的权重。选择一定数量的、长期从事相关领域工作且理论和实践经验都丰富的专家，共同讨论并确定考核指标的权重。各位专家根据自己对考核指标的理解，确定不同的考核指标权重，然后把他们对考核指标的权重的平均值作为考核指标权重的结果。

例如，表6-15中上级领导、下级员工、同级同事、客户和员工自己这五个考核主体的主体权重合计为100%（即50%+10%+15%+15%+10%=100%）。以上级领导考核主体为例，该主体中有三个一级指标，每个一级指标又分别设有两个二级指标。那么这三个一级指标的权重相加之和为100%（即70%+20%+10%=100%），然后每个一级指标对应的二级指标之和也为100%。如一级指标"业绩"下设"工作完成的数量"和"工作完成的质量"两个二级指标，这两个二级指标的权重分别为55%和45%，则它们相加为100%。以此类推，为其他一级指标和二级指标的权重分别赋值。需要指出的是，指标的数量和指标的权重不是固定的，需要根据企业或者岗位的实际情况确定。

表6-15　绩效考核主体指标权重

考核主体	主体权重	一级指标	一级指标权重	二级指标	二级指标权重
上级领导	50%	业绩	70%	工作完成的数量	55%
				工作完成的质量	45%
		工作能力	20%	业务能力	70%
				管理能力	30%
		工作态度	10%	价值观	50%
				责任心	50%
下级员工	10%				
同级同事	15%				
客户	15%				
自己	10%				

6.3.4 绩效打分及评价结果等级

在完成绩效考核指标及其权重的设计后，就要按照具体考核主体进行分类设计，根据不同主体的评价指标与权重单独设计考核表，将具体考核指标列出并打分，通过逐级综合加权处理，最终得到被考核员工的绩效成绩。根据"好、较好、一般，较差、差"进行排序，它们分别对应"5、4、3、2、1"的分值。考核主体根据具体评价指标，对被考核员工在周期内各指标下的表现情况进行打分，打分表示例见表6-16。

表6-16　员工绩效打分表示例

考核主体	一级指标	一级指标权重	二级指标	二级指标权重	评分标准					得分
					好	较好	一般	较差	差	
上级领导					5	4	3	2	1	
					5	4	3	2	1	
下级员工					5	4	3	2	1	
					5	4	3	2	1	
同级同事					5	4	3	2	1	
					5	4	3	2	1	
客户					5	4	3	2	1	
					5	4	3	2	1	
自己					5	4	3	2	1	
					5	4	3	2	1	

最终，被考核者的绩效考核得分结果分为以下四个等级。

A 级：考核总分为 90 分及以上，视为优秀。

B 级：考核总分为 80~89 分，视为良好。

C 级：考核总分为 60~79 分，视为及格。

D 级：考核总分为 59 分及以下，视为较差。

6.3.5 确定绩效考核周期

考核周期通常分为月度考核、季度考核与年度考核，具体的考核周期可以结合企业实际情况，并结合岗位的具体工作周期性要求确定。比如：对公司高层管理者采取年度考核的方式，对中层管理者采取季度考核与年度考核相结合的方式，对基层员工采用月度考核、季度考核以及年度考核的形式，为日常的薪酬待遇调整、岗位调整以及技能培训提供依据。

6.4 平衡记分卡

平衡记分卡是一个包括财务、客户、内部经营流程以及学习与成长等四个维度的绩效考核体系，它能克服传统绩效考核体系的片面性和主观性，在员工的绩效考核方面具有独特的优越性。

6.4.1 财务维度

财务维度的考核是以企业战略为前提，从财务的角度出发，直观地衡量企业的销售额、利润率、应收账款周转率、坏账率、预算控制、销售增长率、成本控制率等状况。财务层面的指标反映在对员工的考核时，考核指标可以根据员工的工作性质确定，示例见表6-17。

表6-17　财务维度绩效考核指标示例

维度	职位／岗位	绩效考核指标
财务维度	建筑施工企业的工程车司机	施工现场清运量 清运同比增长量 车辆运营和养护成本
	银行柜员	线下业务量 线上签约量

6.4.2　客户维度

客户维度是从企业外部客户的角度出发，考核员工维持老客户、赢得新客户等的能力，考核指标可以根据员工的工作性质确定，示例见表6-18。

表6-18　客户维度考核指标示例

维度	岗位／职位	绩效考核指标
客户维度	建筑施工企业的工程车司机	司机离职率 司机工作满意度 客户有效投诉率
	银行柜员	柜员离职率 柜员工作满意度 有效投诉率

6.4.3 内部经营流程维度

该维度从企业内部流程的角度出发，按照企业的作业方式和步骤具体设定每个部门和岗位的工作目标。包括内部规章制度的执行情况、作业规范、内部协作、工作效率、业务流程控制和质量控制等，考核指标可以根据员工的工作性质确定。示例见表 6-19。

表 6-19 内部经营流程维度考核指标示例

维度	岗位 / 职位	绩效考核指标
内部经营流程	建筑施工企业的工程车司机	安全运输情况 规范运输情况
	银行柜员	业务流程合规 窗口服务合规

6.4.4 学习与成长维度

该维度从企业和员工发展的角度出发，强调学习与成长对未来的重要性。学习与成长会对企业是否能够通过引入新观念和新技术产生影响，促使企业掌握最新技术，以推动企业不断创新与发展。对员工而言，学习与成长这一维度主要用于衡量其学习能力、技能提升能力，以及自我发展能力。考核指标可以根据员工的工作性质确定，示例见表 6-20。

表 6-20　学习与成长维度考核指标示例

维度	岗位 / 职位	绩效考核指标
学习与成长	建筑施工企业的工程车司机	参加培训情况 技能 学历 工作表现
	银行柜员	业务能力 创新能力 服务形象

第 **7** 章

绩效反馈与改进

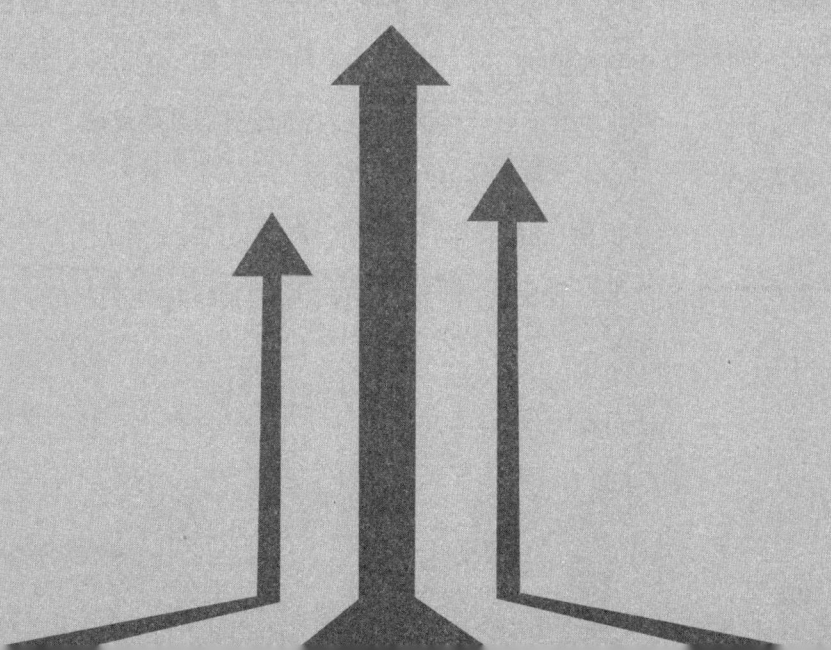

7.1 绩效反馈

7.1.1 绩效反馈的界定

绩效反馈是一种沟通，即反馈源与反馈接收者之间针对绩效内容的双向互动，可以影响反馈接收者做什么、怎么做的选择，也可以影响反馈接收者的情绪与状态。

基于 360 度绩效考核法，绩效反馈存在五种不同的反馈来源：员工上级的反馈、员工同事的反馈、员工下级的反馈、员工本人的自我反馈以及客户的反馈。

反馈接收者接收到与目标、任务相关的反馈后，会关注反馈对于其今后提高绩效或者改善绩效考核结果的作用。此外，不同的反馈源对反馈效果的贡献大小也存在差异，比如，员工对上级领导的反馈的重视程度要高于同事的反馈。绩效反馈不但可以令员工了解自己的绩效考核结果，让员工认识到自己的工作表现与目标之间的差距，还可能与薪酬分配、职位调整产生关联。管理者如果不能有效地开展绩效反馈，不仅可能导致员工表现平平，更可能引发劳动争议。

有效的绩效反馈能够提高绩效考核的公平性，增强团队的竞争力，提升员工和团队的绩效水平。因此，管理者需要把握好绩效反馈的方式方法。

7.1.2 绩效反馈的类型

绩效反馈的类型比较多样化，见表 7-1。

表 7-1 绩效反馈的类型

划分标准	类型
按照反馈来源	上级反馈、研究者反馈、同事反馈、自我反馈、客户反馈、机器反馈、专家反馈
按照反馈信息内容	正向反馈（积极反馈）、负向反馈（消极反馈）
	评估型反馈、发展型反馈

1. 正向反馈和负向反馈

正向反馈的内容以肯定和赞扬为主。正向反馈能给反馈接收者带来一个信号：自己是被肯定和认可的。在组织中，员工收到正向反馈后，会更愿意在目标任务领域花费更多的时间和精力。对于管理者而言，和员工进行正向反馈的沟通，管理者也往往感到轻松。

负向反馈是在员工行为和绩效没达到期望时，管理者给予其否定或批评的信息。管理者对员工进行负向反馈是不容易的，原因有两个方面：一方面，有些员工会拒绝认同对他们的负面反馈，进而对管理者或工作产生抵触、厌恶心理，甚至质疑绩效考核的公平和公正性；另一方面，大多数管理者也会有不同程度的压力，因为如果自己对员工进行负向反馈时处理不当，可能会引起被考核者的不满。所以员工的问题如果不是很严重的话，多数管理者会选择直接避免和员工进行关于负向反馈的交谈。

2. 评估型反馈和发展型反馈

评估型反馈聚焦于对反馈接收者当期的工作表现做出判断。但是如果反馈源与反馈接收者之间对绩效改进的方法和计划缺乏深入探讨，那么反馈接收者只是知道自己的问题，却没有得到有效的帮助和建议，不知如何改进问题，这种反馈的效果是不理想的。

发展型反馈指的是反馈源向反馈接收者提供有用或有价值的信息，使反馈接收者能够学习并改进工作，有助于反馈接收者建立起对组织的信任感。

7.1.3 绩效反馈的形式

1. 按照绩效反馈的正式程度分

（1）非正式绩效反馈

非正式绩效反馈包括诸如反馈源和反馈接收者之间的日常闲谈、涉及工作内容的交谈，以及工作会议中的交流等。例如，在组织中，管理者和员工在平常的闲谈中提及员工的优点或在其他同事面前表达对员工的认可和赞扬等。闲谈也可以让管理者更多地了解员工的工作状态，有利于对员工进行个性化管理。管理者也可以在日常对员工工作中存在的不足之处进行适当提醒，并提出相应的改进办法。此外，在小组会议中，管理者也可以表扬团队做出的成绩或者提出团队存在的问题，并组织大家一起讨论改进方法。

（2）正式绩效反馈

正式绩效反馈是反馈源根据季度或年度的绩效考核结果与反馈接收者进行的绩效面谈。正式的绩效反馈需要有充分的材料证明谈话中涉及的反馈接收者的正面或者负面的评价，因此要选好谈话的时间和地点，并提前准备好反馈接收者的绩效改进方案，并在谈话中进行探讨。非正式绩效反馈的时间、地点和频率可以结合日常工作灵活决定，而正式的绩效反馈应选在季度或者年度绩效考核结果出来后进行。每季度进行一次绩效评价，及时发现并解决员工在工作中存在或出现的问题，有助于员工保持高效的工作状态，有助于员工调整和优化工作方法。在年底进行全面、系统的绩效评价，对员工一年的工作表现进行反馈，有助于员工回顾一年来的成长与不足，并明确未来的发展方向。管理者也可结合非正式反馈来调整正式反馈的次数，进行简短的绩效回顾，聚焦于具体任务，帮助员工跟进任务进展，确保工作顺利进行。

2. 按照参与绩效反馈的人数分

（1）个人绩效反馈。个人绩效反馈是由考核责任人与被考核员工进行一对一的绩效面谈。这种方式可以通过语言表达想法，可以通过观察对方的肢体语言等了解对方情绪的变化。

（2）集体绩效反馈。集体绩效反馈是由考核负责人与多位被考核员工进行一对多的绩效面谈，或者由考核负责人邀请其他部门的相关考核人对多位被考核员工进行多对多的绩效面谈，这样的反馈适用于对团队表现的点评。邀请其他部门参与，可以促进在既定的时间范围内与团队成员广泛交流，并形成沟通纪要，提高沟通效率。但是因为参与人较多，所以可能有些话会碍于人多不便交流。

3. 按照执行反馈的工具分

（1）电话反馈。电话反馈是考核负责人与被考核员工通过电话沟通绩效考核结果。这种情况通常发生在沟通双方身在异地或者时间紧迫不便于面谈的情况下。电话反馈不受空间限制，适用于难度较小的绩效沟通，但是在电话里无法把握和了解双方的情绪波动，有时有可能因为双方的语言表达而产生歧义，因此，难度较大的绩效沟通需要谨慎使用此方式。

（2）邮件反馈。邮件反馈是考核负责人通过邮件向被考核员工反馈绩效考核结果，并征求被考核员工的意见。它可以为正式的绩效面谈做铺垫，通过邮件表达一部分不方便面谈的内容。但是由于邮件缺乏互动性，容易引起误解。

（3）团队公示。团队公示是由绩效考核负责人在某个划定的团队范围内公示被考核员工的绩效结果。这种方式比较适合在绩效面谈之后，公开考评结果时采用。团队公示对团队成员的刺激作用较大，它既能为员工树立标杆，又能给管理者带来压力，因此，团队公示对管理者的管理成熟度有较高的要求。

7.1.4　绩效反馈的步骤及沟通技巧

在一般情况下，绩效反馈先以面谈的形式进行，然后再进一步考虑是否有必要出具书面材料。因此这里主要介绍绩效面谈，步骤如图 7-1 所示。

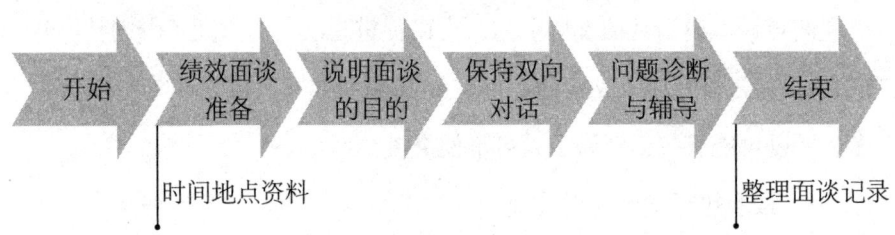

图 7-1　绩效面谈的步骤

1. 面谈前的准备

绩效面谈前，管理者要确定绩效面谈的时间、地点、提示员工需要准备的信息。此外，还要做好以下准备工作。

（1）资料准备。绩效面谈者（通常为管理者）在此阶段常准备的资料：绩效计划书、岗位说明书、绩效数据、绩效考核打分结果、管理台账、绩效面谈表等。

（2）准备面谈提纲。包括如何开场，怎样告诉被考核者其考核结果，被考核者工作表现的优缺点是什么，对被考核者的改进期望和要求是什么，被考核者如果有不同看法怎么办。

（3）心理准备。首先，要相信员工有上进心和责任感、都是渴望取得成就的，虽然会有惰性但是都是可以通过培训和教育改掉不良的习惯，进而为目标奋斗的。其次，管理者要放平心态，绩效面谈中管理者与员工需处于平等的地位，要和员工共同商讨如何改进绩效，更好地完成任务。

（4）了解面谈对象。面谈前需要了解员工的情况与性格，并依此采取不同的沟通方式（见表 7-2），做好面谈过程中员工情绪波动的应对预案。

表 7-2　与不同员工绩效面谈的沟通方式

员工类型	沟通方式
绩效好的优秀员工	肯定、表扬，制定发展规划
长期无明显进步的员工	分析什么职位合适，分析哪些方面可以改进
绩效差的员工	分析绩效差的原因，多方面查找问题的根源
内向的员工	耐心启发其多表达，多征求其看法
情绪波动大的员工	耐心倾听，不急于争辩，等员工冷静后分析找原因
过度自信的员工	用事实说明其工作与目标之间存在的差距，讨论未来发展的可能性和计划
年长、工龄长的员工	尊重、肯定其过往的贡献，表示关怀，对其提出建议

（5）通知面谈对象。一般提前 1~2 周通过邮件并口头告知员工，也可以与员工商定面谈的时间与地点。一般来说，基层员工的面谈时间控制在 1 个小时内，中高层员工的面谈则需要更长时间。面谈地点适合在相对独立的空间，比如会议室或管理者的办公室。

2. 面谈中

（1）营造友善的氛围。绩效面谈要想顺利地进行，首先就需要在反馈源和反馈接收者之间达成理解、达成共识。友善的氛围可以让员工愿意发表自己的看法和意见。面谈双方的座位不要距离较远，可以如图 7-2 所示。在沟通中，多使用"我们"，少用"你"。绩效反馈对事不对人，不要将反馈接收者的绩效与其他同事的进行比较，比如："你一个工作了八年的老员工，这个季度销售量排在倒数第二，但是你看看刚入职半年的小李，他这个季度的销售量排在前五。"这种与他人比较的绩效反馈可能会导致反馈接收者的挫败感和自我防卫意识增加，可能将这样的评价解读为"故意针对自己""对自己不公平"，甚至会对小李产生不满，破坏人际关系。沟通时最好坚持"三明治"原则：先表扬，然后提出改进建议，最后是期望（具体话术见表 7-3），分析员工的不足之处，帮助员工改进和提升。

  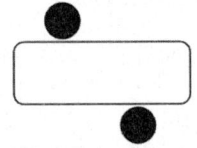

图 7-2　绩效面谈座位安排示例

表 7-3　管理者层面"三明治"式绩效面谈话术示例

示例一	张工程师是 A 项目技术部门的一名资深数据工程师，他的直接上级是技术部门的负责人吴经理。吴经理先对张工程师进行季度绩效面谈如下。 吴经理："张工，今年第三季度你在项目执行方面做得非常好，特别是在数据处理技术难题解决方面展现出了很高的专业素养和技能。"吴经理继续说道："但是，我也注意到，你在跟技术团队其他成员沟通方面可以做得更好些。因为我注意到，有时候由于你对工作非常专注和投入，可能会忽视与团队成员的协作和交流。这在一定程度上影响了项目的进度，因此建议你在这方面加强改进。"
示例二	赵经理是 D 公司的营销部经理，他与下属销售代表小王进行年度绩效反馈面谈。 赵经理："小王，本年度你的销售业绩一直很出色，销售业绩在咱们销售团队始终保持前三，特别是在开拓新客户方面做得非常好，在今年上半年还拿到过新客户开拓量第一的优异成绩。我非常欣赏你的努力和工作成果。"赵经理停顿了一下后，说："但是，我也注意到在客户关系维护方面，你可以做得更好。有些客户反映售后服务不够及时。如果你能在这方面有所改进，我相信你的业绩会有更好的提升。"

（2）告知考核结果并双向讨论。向部属告知评估结果，要简明、扼要、准确、直接、清晰，不模棱两可，确保员工在面谈结束时能明白他所做的事情哪些是对，哪些是错的，并给予员工说明、解释的机会，充分了解员工的问题和想法。还要分别从员工因素和组织因素查找绩效差的原因，分析是客观原因还是主观原因导致绩效不理想。

（3）拟定下一周期的工作目标。员工和管理者对绩效考核的结果达成一致并确认面谈内容后，双方在绩效面谈表（示例分别见表 7-4、表 7-5、表 7-6）上签字并确定可行的绩效改进计划和下一考核周期的工作目标，并明确管理者需提供必要的资源支持。

表 7-4 绩效面谈表（示例 1）

面谈对象姓名		所属部门	
岗位		职务	
考核期间		面谈时间　年　月　日　时　分～　时　分	
绩效面谈内容			
绩效面谈结论			
绩效改进计划			
		面谈对象签字 年　　月　　日	
		管理者签字 年　　月　　日	

表 7-5 （月 / 季 / 年度）绩效面谈表（示例 2）

被面谈人姓名		部门		职务	
面谈人		面谈时间		面谈地点	
绩效现状与问题					
主要成绩	业绩方面				
	能力方面				
	态度方面				

（续表）

不足 / 有待改进之处	业绩方面	
	能力方面	
	态度方面	
考核结果	优秀（A） 良好（B） 一般（C） 差（D）	

绩效改进计划	
改进事项	改进方式

下一周期绩效计划和目标

面谈人签字 年　月　日	被面谈人签字 年　月　日

表 7-6　绩效面谈表（示例 3）

部门		岗位		职务		被面谈人	
面谈人		考核周期		面谈日期		面谈地点	
被面谈人自评							

169

（续表）

面谈人评价	主要成绩	业绩	能力	态度
	有待改进之处	业绩	能力	态度

考核结果	分数	等级：A B C D		

考核结果应用（见备注）				

改进事项	完成标准	时限

下一考核周期的目标	

被面谈人对考核结果的意见	同意　　　　基本同意　　　　不同意 具体意见： 　　　　　　被面谈人签字：　　　年　　月　　日

	面谈人签字：　　　年　　月　　日

（备注：考核结果应用可以为：继续留任、平级调岗、晋升、降级、终止劳动合同、培训、其他等）

3. 面谈后

面谈结束时，管理者应热情饱满地和员工握手并真诚地说类似"在今后的工作中，我会尽力给予你支持，同时，我也相信你会取得更好的成绩"这样的话。

7.2　绩效改进

7.2.1　什么是绩效改进与提升

员工绩效的改进与提升是每个组织都必须面对和解决的问题。改进绩效不仅能提高组织的生产力和效率，还能增强员工的满足感和归属感，进一步推动组织的长期发展。员工绩效改进与提升是一个复杂的过程，需要综合考虑多方面的因素。"绩效改进之父"汤姆斯·吉尔伯特对绩效的看法是：绩效 = 有价值的结果 ÷ 行为的代价。他认为绩效改进就是用更好的方法、更低的成本使组织的业务结果和流程效率更佳，是帮助个体和团队持续、有效且用小的代价实现目标的方法和手段。根据改进对象的不同，绩效改进又可以分为组织层面的绩效改进和个人层面的绩效改进。本节主要关注个人层面的绩效改进。

7.2.2　什么时候推进绩效改进

在通常情况下，对企业推进绩效改进的时间点，可以从宏观、中观和微观层面进行分析。

在宏观层面，当新的经济政策出台、相关法律法规进行了修订、市场形势发生变化时企业需要考虑绩效改进。在中观层面，当企业进行了战略调整、组织结构变革、企业业务发生变化时，需要进行绩效改进。在微观层面，当企业的员工或团队中的成员业绩一直不达标、表现不佳时，无论是员工本人还是其管理者，都要找出业绩或表现不佳的原因并纠正不足，这时就需要进行绩效改进，并制订绩效改进计划。

7.2.3　绩效改进的流程

1. 确定绩效改进方向

结合员工现状和现有资源，明确绩效改进的抓手与方向，筛选和确定改进方向时一般需考虑重要性、可控性和挑战性。

重要性是指绩效改进要与组织战略目标一致，且有助于组织绩效提升。绩效改进确定的方向越契合组织战略目标，越可以得到更多支持。例如某公司的战略目标之一是国际化发展，但是公司上下，无论是管理者还是员工都缺少跨文化经营和管理的知识和经验，所以这时如果将"提升员工跨文化胜任力"作为绩效改进的方向，则会得到更多的来自公司层面的支持，绩效改进取得成绩后会更容易在公司内复制和推广。可控性是指绩效改进的可控程度和受支持程度，如果选择的改进项目是在自己的职权或能力范围内可以完成的，动用的资源也完全可控，那么目标就会更容易达成。挑战性是指绩效改进的难易程度。改进项目应具有一定难度，达成后要超过现有水平或达到原定目标。

2. 制订绩效改进计划

员工绩效改进计划是指根据员工有待发展和提高的方面所制订的提高有关工作能力和工作绩效的系统性的计划。绩效改进计划应阐明改进后应达到的工作绩效水平以及在规定时间段内实现绩效可交付成果。制订员工绩效改进计划需要按照以下四步走。

（1）第一步，识别问题，即要识别员工绩效不佳是客观原因造成的还是员工主观原因造成的，出现的问题是否需要绩效改进计划。管理者应该深入研究数据并重点关注这三种情况：员工绩效考核分数低的，工作目标完成情况不佳的，同级反馈不佳的（如果采用的是 360 度绩效考核法的话）。

对于第一种情况——员工绩效考核分数低，要考虑有些员工可能是因为刚参加工作或者刚接受任务，所以绩效不理想，但是随着时间的推移，他们的绩效会逐渐变好。这时则不需要对此类员工制订绩效改进计划。反之，如果随着时间的推移，这些员工的绩效越来越差，就需要考虑为此类员工制订绩效改进计划了。

对于第二种情况——目标完成情况不佳，考核者需要看该员工目标完成情况不佳是因为目标定得高还是考核时存在不公平的因素，或是其他原因造成的。

对于第三种情况——同级反馈不佳的情况，考核者需要确认是不是因为此类员工与同事间的人际关系不佳。

（2）第二步，确定必须改进的内容，并明确绩效的衡量标准。要保证绩效目标是具体、可衡量、可实现的、有时限的。此外还需要让员工知道管理者和企业会给予他们哪些支持，他们可以获得哪些资源等。

（3）第三步，确定定期审查日期，并确定绩效改进计划持续的时间。在通常情况下，对员工绩效改进的审查周期在 1~6 个月之间，当然有时还要根据实际进展情况调整审查周期。

（4）第四步，定义后续步骤。在绩效改进计划中需要指出：如果推进了绩效改进计划，员工的绩效仍然达不到预期的话，会产生哪些后果。如：不胜任现任岗位、接受培训、终止劳动合同等。

3. 实施改进计划

按照计划实施改进措施，并监督进展，还要考虑可能出现意外情况等问题。

4. 评估改进成果

在实施改进计划后，对照设定的目标，使用数据和指标评估取得的成果并进行必要的调整。如果改进成果未能达到预期，则需要重新审视改进计划，找出问题，重新制订计划。

5. 持续改进

绩效改进是一个持续的过程，不断地评估、调整和改进，绩效成果会呈螺旋上升状态。要将绩效改进成果转化为员工的常规指标或标准，并不断寻找新的改进点，以实现绩效持续提升。

7.2.4　吉尔伯特的 BEM 模型

汤姆斯·吉尔伯特在《人的能力》一书中提到环境因素对个人绩效表现起关键作用，因此，要想使员工实现绩效改进，可以尝试从改变环境因素入手。汤姆斯·吉尔伯特从工程学的思维视角，创立了 BEM 模型（Behavior Engineering Model，即行为工程模型）。在 BEM 模型中，绩效问题被分为环境层次和个体层次两大层次，这两大层次又进一步分别分为环境信息、环境资源、环境刺激、个人知识、个人能力和个人动机六个模块，每个模块有各自的关注点（见图 7-2），并且每个模块对员工绩效的影响程度也不尽相同（见表 7-7）。

```
┌─────────────────┐  ┌─────────────────┐  ┌─────────────────┐
│    环境信息      │  │    环境资源      │  │    环境刺激      │
├─────────────────┤  ├─────────────────┤  ├─────────────────┤
│·描述绩效的期望   │  │·为满足绩效需求提供│  │·绩效达成后给予的金│
│·清晰、明确地指导怎│  │ 的工具、资源、时间│  │ 钱或职业通道奖励 │
│ 样做工作         │  │·有组织的工作流程 │  │·未达成绩效必须承担│
│·对于绩效是否有足够│  │·接触领导者及其他参│  │ 的明确后果       │
│ 连续的反馈       │  │ 与者的渠道       │  │                 │
└─────────────────┘  └─────────────────┘  └─────────────────┘

┌─────────────────┐  ┌─────────────────┐  ┌─────────────────┐
│    个人知识      │  │    个人能力      │  │    个人动机      │
├─────────────────┤  ├─────────────────┤  ├─────────────────┤
│·通过培训培养员工达│  │·与职业相匹配的个 │  │·员工主动工作的意愿│
│ 到岗位要求       │  │ 人能力           │  │                 │
└─────────────────┘  └─────────────────┘  └─────────────────┘
```

图 7-2　BEM 模型

表 7-7　吉尔伯特 BEM 模型

影响因素	模块名称	影响程度
环境因素（技控）	环境信息	35%
	环境资源	26%
	环境刺激	14%
个体因素（人控）	个人知识	11%
	个人能力	8%
	个人动机	6%

　　吉尔伯特认为，工作环境中缺乏实现绩效的支持因素，是员工实现绩效结果的最大障碍，当员工的绩效成果低于预期时，管理者首先要反思支持是否到位，而不是先从员工身上找原因。在对员工进行绩效管理时，应先为员工匹配好环境因素，再考虑个体因素。根据 BEM 模型，当员工的绩效需要改进时，从环境信息模块来看，绩效咨询可以提供改进绩效所需的数据以及改善个体吸收信息的能力；从环境资源模块来看，绩效咨询可以改进为满足绩效需求而使用的工具以及员工使用工具

的能力；从环境刺激模块来看，绩效咨询可以更有效地应用激励机制以及激发员工工作的动机和动力。

 **绩效考核申诉**

7.3.1 绩效考核申诉的目的

随着企业对"提效"的重视，绩效考核及绩效考核结果的应用也在不断强化，由此产生的员工对绩效考核结果不认可的情况也在增多。员工对绩效考核结果提出异议，可能会提出申诉，人力资源部门就需要协调、处理员工的申诉，并给予员工解决方案。

绩效考核申诉的目的一方面是确保员工绩效考核公平、公正和客观，保障员工的合法权益，培养积极向上的组织氛围；另一方面是确保员工绩效考核的质量，对确实有偏差的员工绩效考核结果予以及时纠正并追究相关人员的责任。

7.3.2 绩效考核申诉的步骤

员工对绩效考核的结果有异议时，可以提出申诉。人力资源部受理申诉后，必须分不同场合向被考核人、考核人和考核人的上级领导了解情况，以确保所了解的信息真实、客观。人力资源部应作为独立的第三方分别与考核人和被考核人面谈，协商并寻求解决办法。对于提出过申诉的员工，其档案信息中应包含申诉信息以备查。人力资源部应于员工的下一个绩效考评周期结束前解决员工的绩效考核申诉处理。员工绩效考核申诉步骤如下。

（1）员工如果对自己的绩效评定和考核结果有异议，则向人力资源部门提出申诉，提交写明申诉原因和理由的申诉表（示例见表7-8、表7-9）。

（2）人力资源部门受理员工申诉，向员工直接上级的上级领导、员工直接上级和员工本人了解情况，进行调查、核实，并将调查情况写入员工申诉表中。

（3）员工、员工的直接上级、员工直接上级的上级领导签字确认员工申诉表调查结果。

（4）人力资源部根据了解到的实际情况和公司制度，出具第三方解决意见。

（5）人力资源部相关人员与考核人面谈，向其解释原因，并由人力资源部经理在员工申诉表上签署意见。

（6）人力资源部相关人员与员工面谈，向其解释原因，并由人力资源部经理在员工申诉表上签署意见。

（7）人力资源部将员工申诉表归入员工绩效考核档案中，今后在做人事决定时，结合员工的绩效考评得分，对员工的绩效进行综合评价。

表 7-8 员工绩效申诉表（示例一）

申诉人姓名		部门	
岗位		绩效考核结果	
申诉理由：（要实事清楚、数据真实、理由客观） 　　　　　　　　　　　　　　　申诉人：　　　　　　日期：			

（续表）

人力资源部意见	签字： 日期：
复审小组 意见	签字： 日期：
薪酬委员会意见	签字： 日期：

注：
1. 该申诉表由员工本人填写，在对绩效考核结果进行反馈并与直接上级沟通未达成一致意见的情况下，于2个工作日内提交人力资源部；
2. 申诉理由须翔实，通过客观事实、数据、资料加以阐述。

表7-9　员工绩效考核申诉表（示例二）

申诉人		职位		直接上级	
所属部门		申诉时间			
绩效考核申诉事件：					
绩效考核申诉理由：					

（续表）

主管处理意见： 签名：　　　　　　　　　　　　　日期：	
人力资源部处理意见： 签名：　　　　　　　　　　　　　日期：	
经理处理意见： 签名：　　　　　　　　　　　　　日期：	
申诉人签名：　　　　　　　　　　　日期：	

备注：本表中的经理处理意见为最终处理意见。
1. 申诉人必须在得知考核结果后 3 日内提出申诉，否则无效；
2. 申诉人直接将该表交至人力资源部；
3. 本表一式三份，一份交人力资源部存档，一份交申诉人主管，一份交申诉人。

7.3.3　有关绩效考核申诉的争议问题

企业一般会在绩效考核制度中约定"员工如对绩效考核结果不满意，应在收到考核结果后 ×× 日内提出申诉，逾期未提，则视为无异议"。这是绩效管理的常规流程，一旦制度中规定了该流程，员工与企业双方若因为绩效考核申诉问题产生争议，那么流程的实际执行情况就会成为仲裁或者法院判断该制度合理性的重要标准。

在通常情况下，员工每人只有一次申诉机会，即绩效考核申诉由员工本人在规章制度规定的申诉期内进行申诉，员工需要以事实为依据详细阐述申诉理由，并以企业规定的方式提交给相关部门的相关负责人。

企业应对员工的申诉进行充分审查，排除考核过程中的不公正或不合理情况，保证考核过程的客观性和合理性。如果员工在申诉期以外申诉，即员工未在规定的申诉期内申诉，除有特殊原因外，应视为员工认可考核结果。逾期未申诉则视为员工认可考核结果，企业不再受理后续的绩效申诉。